O PODER TERAPÊUTICO
DO PERDÃO

O PODER TERAPÊUTICO
DO PERDÃO

Teoria, prática e aplicabilidade do perdão com base científica na Psicologia Positiva

ADRIANA SANTIAGO

1ª edição
São Paulo, 2017

Copyright© 2017 by **Editora Leader**
Todos os direitos da primeira edição são reservados à **Editora Leader**

Diretora de projetos
Andréia Roma

Diretor Executivo
Alessandro Roma

Avaliação crítica
Andréa Perez

Projeto gráfico e diagramação
Roberta Regato

Ilustração de capa
Luiza Aché

Revisão
Miriam Franco Novaes

Dados Internacionais de Catalogação na Publicação (CIP)
Bibliotecária responsável: Aline Graziele Benitez CRB-1/3129

S226p   Santiago, Adriana
         O poder terapêutico do perdão: teoria, prática e aplicabilidade do perdão com base científica na psicologia positiva / Adriana Santiago – 1. ed. – São Paulo: Biblioteca Positiva, 2017.

         ISBN: 978-85-93967-00-9

         1. Psicologia. 2. Perdão. 3. Poder terapêutico. I. Título.

         CDD 152.4

Índice para catálogo sistemático: 1. Psicologia: perdão 152.4

EDITORA LEADER
Rua Nuto Santana, 65, 2º andar, sala 3
02970-000, Jardim São José, São Paulo - SP
(11) 3991-6136 / andreiaroma@editoraleader.com.br
Atendimento às livrarias
Liliana Araujo / lilianaaraujo@editoraleader.com.br
Atendimento ao cliente
Rosângela Barbosa e Érica Rodrigues / contato@editoraleader.com.br

 Ao meu pai, Jorge Farias Santiago (*in memoriam*), por ter me ensinado a ser amorosa.

AGRADECIMENTO

Decidi pesquisar este tema quando percebi que, desde criança, sou boa perdoadora. Isso não quer dizer que eu seja boazinha ou complacente. Ao contrário, sou assertiva e contundente. Já sabia, intuitivamente, o que comprovei mais tarde. Perdoar é bom para o agente da decisão. Quando encontrei a Psicologia Positiva, fui arrebatada por seus saberes e me reconheci em sua prática. Pude me certificar das minhas qualidades como ser humano e praticar as forças de caráter, deliberadamente, para melhorar a minha existência no mundo. Por sorte, sou psicoterapeuta, e pude estender a prática e orientar meus pacientes para que exercitassem também as propostas dessa nova Ciência.

Por isso, mais do que uma obra acadêmica ou literária, este livro é uma realização pessoal. E, como tal, envolve muitas pessoas queridas e fundamentais para a minha vida. Sem elas eu não teria ido adiante. Preciso deixar explicitados aqui os meus agradecimentos:

A minha mãe, Maria de Lourdes Santiago, que, incansavelmente, me apoiou, abriu espaço para eu exercer meus talentos e estimulou minhas forças de caráter. Com seu amor infinito, me fez florescer.

A minha irmã, Simone Santiago, que desde pequena me contava histórias e apontava para a possibilidade de um universo bem maior do que o que eu acreditava existir. Pela generosidade que marca a sua personalidade, obrigada.

A minha filha Maria Teresa Santiago, por seu espírito de vanguarda, que sempre entendeu as minhas ausências necessárias, na busca de me tornar uma profissional sempre mais qualificada.

A Manoela Santiago, minha filha mais nova, que está sempre interessada em questões sobre o comportamento humano e me nutre com seu amor infinito.

Ao meu marido, Rodrigo Campos, amoroso, carinhoso e atento, sempre ao meu lado, apoiando as minhas escolhas e fazendo a minha vida mais feliz.

Para sempre serei grata a Andréa Perez, que, com sua competência, energia e responsabilidade científica, discutiu comigo cada pequeno aspecto deste livro. Foram muitas horas ao telefone, muitas orientações, gargalhadas e emoções positivas. Com seu olhar atencioso e meticuloso, ela guiou, muitas vezes, meus passos. Sua generosidade com o saber me encheu de lágrimas em várias situações. Muitas emoções positivas na feitura desta obra.

Sou grata à Maria Luiza de Castro da Silva, que alinhavou comigo as primeiras ideias relacionadas ao tema. Foram tardes gostosas de muita conversa e orientação.

Agradeço também a Rosilene Augusta, comigo há alguns anos, em projetos diferentes, mas sempre me secretariando brilhantemente e facilitando a minha vida profissional.

E, finalmente, aos meus alunos e pacientes que me inspiram todos os dias na busca de mais produção científica para aprimorar o meu aprendizado.

ÍNDICE

Prólogo 10
Prefácio 14
Introdução 18

Capítulo 1 - O que é perdão? 21
O termo perdão 21
O conceito de perdão 22

Capítulo 2 - O perdão ao longo da história 26
O perdão para as religiões 27
    Judaísmo 28
    Islamismo 30
    Budismo 31
    Hinduísmo 32
    Cristianismo 32
O perdão para a filosofia
    Immanuel Kant 37
    Jacques Derrida 38
    Paul Ricoeur 41

Capítulo 3 - O perdão para as ciências 44
Charlotte VanOyenWitliet 46
Fred Luskin 48
Robert Enright 53
Outras pesquisas 58

Capítulo 4 - Psicologia Positiva, um novo olhar 60
Psicologia Positiva: o que a define? 60
Como surgiu a Psicologia Positiva? 62
Da felicidade autêntica à teoria do bem-estar 66
O que é bem-estar subjetivo? 71

Capítulo 5 - O perdão para a Psicologia Positiva 74
O que define uma força de caráter 75
O perdão como força de caráter 81

Capítulo 6 - A Psicologia Positiva como proposta terapêutica 87
Terapia do Esquema: quais são as suas bases? 92
O encontro entre a Psicologia Positiva e a Terapia do Esquema 96
A importância de uma boa infância 105

Capítulo 7 - O perdão aos pais 108
A origem do esquema 109
A formação biológica dos esquemas 112

Capítulo 8 - O perdão nos relacionamentos amorosos 116
Reconciliação sem perdão 120
Perdão sem reconciliação 121
Perdão com reconciliação 122

Capítulo 9 - O perdão para a sexualidade 123
O perdão para a homossexualidade 129
Antes do tabu, o desejo livre 132
O caso feminino, atração e repulsa 134

Capítulo 10 - Histórias de perdão 136
Immaculée Ilibagiza 136
Custódio Rangel Pires 138
Darlene Farah 139
Masataka Ota 140

Capítulo 11 - Perdoar para finalizar e recomeçar 142

<u>Anexo</u>
Exercício 146
Referência Bibliográficas 150

PRÓLOGO

Desde quando comecei a aventurar-me pelas trilhas apreciativas da ciência da felicidade vivenciei momentos que, absolutamente, perpetuarão em minha memória. Destaco, contudo, que o melhor desse caminho, sem desprezar ou minimizar o entusiasmo pelos temas da Psicologia Positiva, foram as relações significativas que construí com pessoas simplesmente excepcionais.

E é claro que uma dessas pessoas é a autora deste livro, a quem sou imensamente grata, porque, generosamente, reservou-me a satisfação de abrir a obra, apresentando sua intenção genuína de concepção deste lindo projeto.

Numa trajetória de aproximação gradual ao longo dos últimos quatro anos, pude contemplar a trajetória profissional de Adriana Santiago com a abordagem do perdão. Desde nosso primeiro momento, como alunas, em uma sala de aula, me deparei, ainda de longe, com essa mulher que transborda sabedoria sobre as temáticas e práticas, com as quais permeia seu trabalho como psicoterapeuta. De forma vibrante e imensamente entusiasmada – algumas das suas inúmeras qualidades - chamou-me a atenção à imensa energia, força e presteza no trato do que ama fazer: ajudar seres humanos a serem felizes, mais felizes.

Com minha volúpia em contemplar trajetórias de vida e de trabalho com Psicologia Positiva, mantive-me acompanhando, mesmo que de longe, as iniciativas de Adriana, aguardando de alguma forma – dessas coisas que a gente não explica na relatividade restrita que nos permeia – uma oportunidade de, juntas, podermos realizar algum projeto. E esse momento chegou. Convidei-a para ser uma das coautoras do livro "Psicologia Positiva: Teoria e Prática", e, de lá para cá, nossa união foi solidificando-se cada vez mais, até culminar com este momento de acompanhamento e desenvolvimento desta obra que chega às mãos dos leitores, com muito de quem é Adriana.

Inserida como uma das obras pertencentes à Coletânea Biblioteca Positiva, da qual sou organizadora ao lado de Andréia Roma, presidente da Editora Leader, o livro - projeto solo e de iniciativa única de Adriana Santiago - inspira aquela frase que todo leitor de carteirinha declara em muitos momentos: "Eu precisava ler este livro!" E isso, simplesmente, porque a sua vida, leitor, com esta leitura, pode passar por uma transformação incrivelmente positiva, que, com toda certeza, você nem imaginou quando resolveu incluí-lo em sua biblioteca.

O livro abarca, de forma ampla e significativa, inúmeras abordagens sobre a temática do perdão, passando por alguns campos do conhecimento e das religiões da humanidade, reportando-se a estudos milenares e contemporâneos, o que elucida ao leitor como deve ser pensado, vivido, praticado, concebido e sentido o perdão. Além de todas essas definições e arcabouços teóricos, a autora apresenta o que a sua experiência de vida e de trabalho, com a Psicoterapia baseada na Terapia do Esquema, permitiu conceber como a forma mais adequada de favorecer as pessoas com a prática do perdão.

De forma ilustrativa e com um alinhamento afinado, o leitor encontrará histórias que retratam, de uma maneira quase concreta, cada conteúdo teórico apresentado, o que nos faz aflorar a emoção em muitos momentos, ao mesmo tempo em que se consolida a aprendizagem sobre os temas. Essas descrições cotidianas de um consultório de Psicologia Clínica trazem a constatação de realidades de vidas transformadas pelo perdão, as quais nos cativam e nos convidam a vivenciar a prática do perdão; a identificar o que há para ser perdoado ou se precisamos perdoar a nós mesmos sobre algo.

E o que agrega ainda mais valor, para que a leitura desta obra seja estimulante e cativante, definitivamente, é a paixão, a congruência e a crença de Adriana Santiago sobre o favorecimento e a transformação que o perdão pode permitir na vida de pessoas, que, de forma sofrida, por muitas vezes, perambulam pela vida como zumbis, envolvidos em remorso, raiva, ódio, vingança e tristeza, por conta de circunstâncias vivenciadas ou apenas de pouca empatia que tiveram ao longo de suas vidas. Histórias entre filhos e pais, entre parceiros de relacionamentos amorosos, de família e de cada um consigo mesmo.

O olhar atento, a dedicação, o entusiasmo e o comprometimento da autora foram constantes em toda a trajetória de construção de cada parte, de cada detalhe e de cada exemplo, a qual tive o privilégio de acompanhar, permitindo-me ter a exata noção de que este livro é feito por uma profissional séria, competente e com imensa expertise na área em que atua, mas, acima de tudo, por um ser humano que zela com amor por seus pacientes.

Sua generosidade é expressa nas entrelinhas e em cada parágrafo, na medida em que oferta, de forma favorecedora, o que sabe e aprendeu sobre o perdão. Sua convicção sobre a eficácia, para uma vida mais plena, que o ato de perdoar permite é algo que Adriana quer gritar aos quatro cantos, não se permitindo guardar apenas para si esse conhecimento que pode ajudar tantas pessoas que não apenas seus pacientes.

Para dar conta de tamanha concessão, ao longo do livro, mensagens, passagens e exercícios simples são sugeridos para favorecer a prática do perdão, acreditando que a vida pode ser encarada sem o peso da dor e do sofrimento de adversidades, que o perdão pode permitir que fiquem no passado.

E, como idealizadora e coordenadora de projetos de publicações literárias brasileiras em Psicologia Positiva, afirmo que, quanto ao tema do perdão, este livro vislumbrará um trilhar de reconhecimento nacional e muito provavelmente internacional, sendo mais uma obra a ampliar nossas fronteiras no campo do estudo da felicidade humana, de forma séria, com qualidade, baseado na cientificidade e com a demonstração do quanto podemos favorecer muitas pessoas para uma vida com mais bem-estar.

Tenho certeza de que, ao final desta obra, você não apenas terá entendido o que é o perdão em inúmeras definições e contextos, mas ele fará parte de sua vida, e, assim, o legado da autora terá sido alcançado: fazer você mais pleno, realizado e feliz.

Andréa Perez

PREFÁCIO

Desde o princípio da história da humanidade, uma das questões mais discutidas é o perdão, que nos envolve tanto por seu significado quanto pelos desdobramentos que essa ação nos impõe.

Neste livro, a psicóloga Adriana Santiago nos provoca a pensar sobre esse tema, que encontramos seja na leitura da ciência ou da religião, conduzindo-nos desde os filósofos gregos até os dias atuais.

As sociedades têm culturas que vão das mais contratuais às mais emocionais. Claro que, entre esses dois tons, há uma enorme paleta de todas as cores e misturas. Os latino-americanos, de um modo geral, têm características muito mais emocionais, traduzidas num *modus operandi* baseado no "sangue latino", o que nos faz mais impulsivos e nos leva a agir de maneira menos racional.

Soma-se a isso a discussão que tem ocupado a agenda dos profissionais da área humanista: o perfil das gerações, por vezes influenciadas e demarcadas por grandes eventos, como as grandes guerras e as revoluções tecnológicas, que vão tingindo o pensamento de atitudes e comportamentos naturalmente conflitantes entre si.

A velocidade e a aceleração das mudanças nos levaram a repensar a forma de responder às demandas de todos os campos em que estamos inseridos. Esses fatores têm impactado nossas relações afetivas, sejam elas familiares, de amizade, ou até mesmo com os nossos animais domésticos.

Mudaram as configurações familiares, e o que antes era um núcleo com um conceito religioso hoje é uma diversidade de combinações que já não se pode delimitar ou definir de forma objetiva como se fosse resposta de questão de prova com opções para marcar a mais correta.

A mãe natureza, por outro lado, tem nos surpreendido com reações nem sempre previsíveis, buscando responder às agressões que tem sofrido impunemente. Exploramos ao máximo todos os recursos a ponto de passarmos a trabalhar na escassez, mas ainda assim não aprendemos a lição da moderação, o que nos tem levado a pagar um preço alto.

As guerras baseadas no poder econômico e no domínio de algumas nações sobre outras têm espalhado terror e devastado muitos países. Os sobreviventes se tornam exilados em busca de uma pátria e de respostas para o enfrentamento das dificuldades próprias desse novo lugar. Vivenciamos tempos de desequilíbrio e, especialmente, de contrastes. Há riqueza concentrada nas mãos de poucos e miséria sob os pés descalços de muitos.

É nesse cenário que a temática do perdão provoca os diversos campos do pensamento a defini-lo. Mais do que isso: a tentar entendê-lo. Para tanto, vamos precisar dissecar o sentido dessa palavra e analisá-lo parte por parte. Vamos precisar reaprender a lidar com algo que parece descartável e que, por isso, anda em desuso, embora seja tão essencial.

É urgente tratar do assunto dessa forma porque sabemos que o ser humano não nasce com uma bula na qual poderíamos traduzir o seu modo de usar, a sua posologia, os efeitos colaterais de suas atitudes e as doses recomendadas. É necessário enfrentarmos o mundo em desalinho, com reflexões substantivas que tenham o poder de trazer conceito para nossa forma de lidar com os tempos que se avizinham.

O perdão tem sido amplamente estudado pelas Ciências, e a Psicologia Positiva tem dado uma grande contribuição, porque nos chama atenção para o fato de que sempre fomos lidos pelas nossas piores ações e pelas competências que nos faltam. Temos que inverter a ordem das coisas e passar a ler os sujeitos pelas suas forças de caráter, também chamadas de qualidades humanas. Esse é o caminho mais seguro para os nossos tempos.

Martin Seligman e Christopher Peterson mapearam as 24 forças distribuídas por seis virtudes que podem, sim, fazer a diferença e indicar novos rumos a partir das pequenas revoluções que podemos produzir na vida das pessoas ao apresentar-lhes essas possibilidades.

Torna-se fundamental o entendimento do conceito de perdão. A psicóloga Adriana Santiago nos traz uma elaboração teórica em que trata o tema como se este fosse um poliedro, criando a possibilidade da leitura por diversos ângulos. A sua experiência clínica e o seu trabalho acadêmico permitiram a associação da Psicologia Positiva à terapia do esquema, trazendo-nos a compreensão do lugar do perdão.

Para além da teoria, ela também nos apresenta casos práticos, que são uma provocação para os céticos sobre o assunto, que ainda tratam a matéria como discurso de poetas ou de autoajuda.

É preciso trazer o perdão para nossas rodas de conversa, seja na mesa do bar, na sala de aula, na fila do ônibus ou em qualquer lugar onde haja a possibilidade de se instalar diálogos. Precisamos tratar do assunto sem medo de nos olhar no espelho. E para isso temos aqui um conjunto de argumentos que podem enriquecer o conteúdo e trazer novas questões.

Esta obra pretende contribuir para iluminar as nossas reflexões e trazer para o centro das nossas atenções a oportunidade de um exercício que pode proporcionar bem-estar e qualidade de vida. Como bem disse o escritor português José Saramago: "Aprendi a não convencer ninguém, o trabalho de convencer é uma falta de respeito. É uma tentativa de colonização do outro".

É hora de reaprendermos a conjugar o verbo perdoar. Este livro é uma contribuição para acender a centelha da mudança, que pode ser provocada a partir dos gestos mais elementares. Este livro é um ato de generosidade da autora, que nos oferece um cardápio de preciosos conhecimentos sobre o assunto. Mesa posta. Sirvam-se à vontade.

Ricardo de Sá

INTRODUÇÃO

É muito comum recebermos, em nossos consultórios, pessoas com diversos sintomas inibidores e depressivos porque, simplesmente, não conseguem perdoar. Elas vivem arrastando as correntes dos ressentimentos e não percebem que o que fazem atravanca o progresso pessoal no mais amplo aspecto. O ser humano que tem dificuldade para perdoar se agarra às lembranças do que lhe fez sofrer e, a partir daí, monta uma rede subjetiva, cujos fios-pensamentos o prendem à dor, pois, por não perdoar, se amarra a si, ao outro ou ao fato e não consegue progredir. Adoece e vê surgirem diversas dores, que se expressam tanto no corpo como na alma.

Em geral, tais pacientes vivem às turras com as suas próprias lembranças e, com frequência, se referem ao passado, considerando-se vítimas das circunstâncias. É comum também não conseguirem aproveitar o que há de bom acontecendo no momento presente, pois o seu enredo mental não permite que reconheçam os pequenos prazeres cotidianos. Suas referências são sempre remotas e dizem respeito ao que não pôde ser bom em determinado momento da vida. Essas pessoas, com certeza, têm muitas razões e justificativas para agir assim, pois, afinal de contas, acreditam que seu sofrimento é insuportável. Não conseguem perceber o outro, só olham para suas próprias questões. Também não entendem como seus pares não são solidários à sua dor e acreditam que o que lhes fez sofrer é imperdoável.

Muitas pesquisas têm sido realizadas para comprovar o poder terapêutico do perdão. Atualmente, o assunto deixou de ser exclusividade da religião e tomou espaço na Ciência. A questão é tão séria e contundente que vários estudos científicos foram realizados e demonstraram que não apenas a depressão mas dores de cabeça, dores musculares (principalmente nas costas), fibromialgia, gastrite, úlceras, problemas cardiovasculares, hipertensão, problemas gastrointestinais, doenças alérgicas, urticárias e vertigens podem estar relacionadas com a dificuldade de perdoar.

Aprender a perdoar é um processo contínuo de desembaraçar os pensamentos emaranhados na dor. O trabalho psicoterapêutico baseado na Psicologia Positiva fornece ferramentas que permitem acionar este processo. A prática clínica tem comprovado que transtornos causados pelas dores dos ressentimentos e restos de mágoa apresentam solução à medida que os pacientes aprendem a perdoar o outro e a si mesmos.

É preciso ressaltar que esse trabalho alicerçado nos princípios da Psicologia Positiva tem como objetivo apontar e destacar o que há de bom no indivíduo. O foco é distinto do que apresentam as psicologias tradicionais que, por razões histórico-culturais, se direcionaram para as mazelas da Humanidade. A Psicologia Positiva, embora não se distancie da trajetória científica trilhada pela tradição, aponta para um além: o resgate da potencialidade do indivíduo, apostando no seu bem-estar subjetivo.

Trabalhar o perdão, portanto, passa a ser um horizonte de possibilidade para os que acreditam na cura do indivíduo, a partir dos instrumentos científicos, oferecidos por essa nova Ciência. Cabe aqui uma ressalva: com que ideia de perdão se ocuparia o trabalho da Psicologia Positiva? A busca de respostas é a perspectiva deste livro.

Para atingir esse objetivo, passarei a tratar, no primeiro capítulo, do conceito de perdão na concepção de diversos pesquisadores da atualidade. No segundo capítulo, falarei do seu histórico e evolução, partindo da perspectiva das religiões e das filosofias de Immanuel Kant, Jacques Derrida e Paulo Ricouer. No terceiro, o foco é a consideração do tema pela Ciência hoje. A nova perspectiva em relação ao olhar para o ser humano é descrita no quarto capítulo. O quinto abordará o conceito pelo crivo da Psicologia Positiva. Já o sexto descreverá a Psicologia das qualidades humanas como proposta terapêutica. Seguindo a linha, o sétimo capítulo se ocupará de considerar o perdão necessário às falhas dos nossos pais. No oitavo capítulo, o tema será inserido no contexto amoroso. O perdão vinculado às questões sexuais é objeto do nono. Vários exemplos de perdão serão descritos no décimo. O décimo primeiro capítulo fechará a obra, apontando para a necessidade de perdoar para recomeçar em novas histórias, a partir de novos horizontes.

Esse é um tema bastante "democrático". Sendo assim, convido todos vocês, independentemente da profissão, para um passeio histórico, conceitual e prático por esse assunto tão equivocadamente considerado no percurso da Humanidade. Vamos juntos pensar o conceito e ressignificar o exercício do perdão.

O QUE É PERDÃO?

"Agarrar-se à raiva é como apanhar carvão em brasa com a intenção de jogá-lo em alguém; você é o único a ser queimado." (Buda)

Neste primeiro capítulo, definiremos o conceito de perdão e faremos considerações sobre o assunto, em diversas culturas e religiões, ressaltando a sua importância para a evolução da nossa sociedade. Abordaremos também o seu entendimento na Filosofia contemporânea.

O TERMO PERDÃO

A origem do vocábulo *perdão* é latina. Vem do verbo *perdonare*, junção da partícula *per*, que significa total, completo, com *donare*, que tem o sentido de doar, se dar. Assim, etimologicamente, *perdonare* nos remete ao ato de dar-se por completo.

Na Língua Portuguesa, o sentido da palavra perdão aponta para uma espécie de "desculpabilização" do algoz. Segundo o dicionário Michaelis[1], perdão tem como significado remissão de uma culpa, dívida ou pena. Abrange a desobrigação do cumprimento de um dever. O dicionário Au-

---

[1] MICHAELIS. Moderno Dicionário da Língua Portuguesa. Disponível em: <http://michaelis.uol.com.br/moderno/portugues/index.php>. Acesso em: 20/06/2016.

rélio[2] define perdão no sentido da absolvição da culpa, remissão da pena, desculpa.

Na língua inglesa, o termo *forgive* (*for* mais *give*) remete mais uma vez ao sentido de doação. Dar, oferecer, prestar, entregar, prestar, ministrar. E o verbo *to forgive* significa desculpar, perdoar, escusar. Em alemão, *vergebung* se origina do verbo *geben*, que também significa dar, oferecer, e esses significados remetem ao ato de doar. Mas, o que perdão pode significar mesmo?

O CONCEITO DE PERDÃO

Snyder e Lopez[3] destacam que houve, em 1990, uma explosão de interesse pelo tema, desde que a Fundação Templeton iniciou suas pesquisas, dando o pontapé inicial nos estudos sobre o conceito. A partir desse momento, vários teóricos começaram a construir teses a respeito da ideia de perdão.

Thompson[4] e seus colaboradores, por exemplo, concluíram que "o perdão é uma libertação de um vínculo negativo com a fonte que transgrediu contra a pessoa". Aqui a "fonte da transgressão" pode ser o próprio sujeito, outra pessoa ou uma situação considerada fora de controle (a natureza, por exemplo).

Para McCullough[5], "o perdão reflete aumentos na motivação pró-social em relação a outras pessoas", proporcionando assim um menor desejo de evitar o contato com o algoz e procurar vingança e um maior desejo de agir positivamente em relação ao infrator. Aqui, só há perdão se houver alguém para ser perdoado.

Outro pesquisador importante sobre o tema, Robert Enright[6] define perdão como "uma disposição de abandonar o próprio direito ao ressenti-

---

2 AURÉLIO. O Minidicionário da Língua Portuguesa. 4ª. Edição. Rio de Janeiro, 2002.
3 SNYDER, C.R.; LOPEZ, J.S. Psicologia Positiva: uma abordagem científica e prática das qualidades Humanas. Porto Alegre: Artmed, 2009.
4 THOMPSON, L.Y.; SNYDER, C.R.; HOFFMAN, L.; MICHAEL, S.T.; RASMUSSEN, H.N.; BILLINGS, L.S., et al. (2005) Dispositional forgiveness of self, others, and situations: The Heartland Forgiveness Scale. Journal of Personality, 73, 313-359.
5 MCCULLOUGH, M.E.; RACHAL, K.C.; SANDAGE, S.J.; WORTHINGTON, Jr., E.L.; BROWN, S.W.; HIGHT, T.L. (1998). Interpersonal forgiving in close relationships: II. Theoretical elaboration and measurement. Journal of Personality and Social Psychology, 75, 1586-1603.
6 ENRIGTH, R.D.; FREEDMAN, S.; RIQUE, J. (1998). The psychology of interpersonal forgiveness. In R.D. Errnrigth & J. North (eds). Exploring forgiveness (pp.462). Madison: University of Wisconsin Press.

mento, ao julgamento negativo e ao comportamento indiferente em relação a alguém que injustamente nos prejudicou, ao mesmo tempo em que se estimulam as qualidades não merecidas da compaixão, generosidade e até mesmo amor em relação a esta pessoa". Percebemos, aqui, que Enright se refere também ao perdão intrapessoal. Ele destaca uma necessidade de transformação de afeto, do negativo ao positivo. É necessária, segundo esse autor, uma "fruição do perdão" que possibilite entrar numa comunidade amorosa com o outro. Para ele não se pode perdoar situações da natureza como tornados ou enchentes, como sugere Thompson e seu grupo de pesquisa.

June Tangney[7] ressalta que o que está no centro da cena do perdão é liberar-se das emoções negativas produzidas pelo ressentimento. Para ela, o fato de perdoar reflete uma transformação cognitivo-afetiva em que a vítima avalia o prejuízo causado, de forma realística, reconhece a responsabilidade do autor, no entanto, decide "cancelar a dívida", sem necessidade de restituição ou punição. Desse modo, as emoções negativas relacionadas à transgressão também são cessadas. O sujeito aqui, por meio do perdão, retira-se do papel de vítima, transformando a sua emoção. Nessa perspectiva podemos perceber que o assunto se restringe ao próprio ofendido. Para perdoar, não há necessidade de contato com o outro. Basta que o indivíduo decida cessar o ressentimento e pronto. Está feito.

Pesquisadora da Psicologia Positiva, Sonja Lyubomirsky[8] salienta, segundo a sua perspectiva, que "perdoar é algo que você faz por *si próprio* e não pela pessoa que o ofendeu". Além disso, "perdoar não significa que você deva obrigatoriamente restabelecer a relação com o transgressor, nem significa desculpar ou tolerar". A definição na teoria de Lyubomirsky se distancia das propostas por Enright e McCullough, que sugerem a necessidade de reconciliação e se aproximam da de Tangney, que sugere que abrir mão das emoções negativas está no centro da cena do perdão.

Todos esses pesquisadores têm compreensões diferentes sobre o fato de perdoar. Uns acreditam que a prática inclui amar o outro; outros, que o

---
[7] TANGNEY, J.P; FREE, R.; REINSMITH, C.; BOONE, A.L.; LEE, N. (1999, August). Assessing Individual differences in the propensity to forgive. Paper presented at the American Psychological Association Convention, Boston.
[8] LYUBOMIRSKY, S. A Ciência da Felicidade: Como Atingir a Felicidade Real e Duradoura: Um Método Científico Para Alcançar a Vida que Você Deseja. Rio de Janeiro: Elsevier, 2008. p. 152

perdão só tem a ver com o sujeito ofendido. Qual é o recorte de verdade que pretendemos dar ao conceito e de que forma podemos incluí-lo em nosso cotidiano, em nossa clínica, em nossa vida?

O meu recorte do conceito inclui pôr, no centro da cena do perdão, a empatia, entendida aqui como a capacidade de se colocar no lugar do outro, mesmo sem concordar com suas atitudes. Entender-se como se fosse ele, com todas as suas vivências e experiências. Um exemplo simples de empatia é o seguinte: um menino de rua rouba a sua bolsa. Perdoá-lo inclui entender suas condições emocionais, psicológicas e objetivas para cometer tal ato. Se pensar em suas condições, criado, provavelmente, sem os parâmetros morais e éticos com os quais você pautou a sua vida. Isso não significa concordar com sua atitude, nem evitar que seja punido. Mas cessar o sentimento de raiva e ressentimento que poderia ser nutrido por ele, substituindo, desse modo, pela compaixão. Outro exemplo seria a mágoa ou trauma causado na infância por tratamento abusivo por parte de pai, mãe ou cuidador. Entender as razões que levaram quem deveria, supostamente, cuidar e dar amor a cometer atos insanos é fundamental para desamarrar-se da raiva e mágoa causada pelo fato. Buscar entender suas razões é o primeiro passo para o perdão.

Perdoar inclui reconciliar? Na minha perspectiva, não. Muitas vezes a reconciliação se dá sem ter havido perdão. O que deixa alguns nós apertados nas relações. Em consultório, é muito comum recebermos casais que vivem juntos, acumulando mágoas profundas oriundas de atos ofensivos que não foram perdoados. Reconciliaram-se, mas não perdoaram, e, com isso, montam uma rede de ressentimentos que minam qualquer possibilidade de boa convivência. Não entenderam as razões do outro para cometer faltas ou ofensas. Seria muito mais eficaz, nesses casos, que se perdoassem mutuamente, mesmo que, na conclusão da celeuma, decidissem não se reconciliar.

Perdoar não é aceitar a ofensa. Perdoar é se desamarrar da dor que traz sofrimento e liberar-se para investir a energia vital, o que Freud[9] chamou de libido, força motriz de todo comportamento, para aplicá-la em desenvolvimento e aprimoramento pessoal.

---
9 FREUD, S. Além do Princípio do Prazer. Obras Completas, VOL. XVIII, 1925-1926.

Cabe apenas ao ofendido oferecer perdão ao ofensor, mesmo que esse não esteja mais entre nós. Percebemos na prática de consultório que inúmeras vezes as pessoas não conseguem perdoar quem já morreu ou não está mais entre seus pares. A lembrança da injúria vem repleta de emoção e faz com que o indivíduo reviva muitas vezes a cena, ficando, mais uma vez, no lugar da vítima das circunstâncias. Perdoar, aqui, significa diminuir o tom emocional da raiva que colore intensamente uma cena do passado; significa liberar-se da raiva e reservar a energia vital, a mesma que mantém a dor, para ações mais positivas, que façam valer a existência.

Esquecer também não é perdoar. Considero importante a lembrança do fato, inclusive para servir como sinalizador de onde não devemos mais passar. Muitas vezes ouvimos no consultório: "Não perdoei, pois não consigo esquecer". Mas não precisa. Perdoar é considerar o fato como passado. É não ocupar o seu presente com algo que aconteceu remotamente, mesmo que isso tenha deixado marcas profundas. Talvez elas sirvam como sinais de bravura, de resiliência, de resistência.

A prática clínica pautada na Psicologia Positiva a que me proponho tem como objetivo "limpar" o conceito de perdão e fazer o indivíduo entender que, ao perdoar, ele estará se livrando de um fardo desnecessário que vem arrastando ao longo da existência.

É fato que o conceito de perdão vem se transformando e se adequando ao processo evolutivo da humanidade. O que antes era objeto da religião, como veremos a seguir, atualmente tem sido alvo da Ciência e ocupado bastante espaço em discussões relativas à alma humana. Diversos pesquisadores, ao lançarem um olhar científico para o tema, têm contribuído, ao difundirem resultados evidentes do seu efeito curativo.

No próximo capítulo, abordaremos a evolução do conceito ao longo da história, fazendo um breve passeio por algumas religiões e compreensões filosóficas.

O PERDÃO AO LONGO DA HISTÓRIA

No capítulo anterior, falamos das diversas considerações que o conceito de perdão tem na atualidade. Neste, nos interessa falar da evolução dessa ideia que, por muito tempo, ocupa o pensamento de líderes religiosos, filósofos e cientistas.

Até aqui, vimos que o aspecto científico do conceito de perdão ganhou recorte a partir de 1990. Segundo David Konstan[1], pesquisador da Universidade de Brown, em Rhode Island, o perdão é um conceito novo para a humanidade e reflete a conquista ética da civilização ocidental. Ele afirma que na Antiguidade Clássica, no início do Cristianismo, nas culturas orientais, na América colombiana e nas tribos africanas a ideia do conceito era bem outra. Segundo ele, até o Iluminismo, no século XVIII, o perdão só existia com a intermediação divina. Na Grécia Antiga, por exemplo, não havia admissão de culpa, por isso não poderia haver perdão. Os erros humanos eram atribuídos ao capricho dos deuses.

O Velho e O Novo Testamento também trazem histórias de perdão, mas sempre como uma dádiva divina. Quando Jesus ressuscita Lázaro, per-

---

[1] KONSTAN, D. Before Forgiveness – The Origens of a Moral Idea. Cambridge: Editora Cambridge University Press. 2010.

doando seus pecados, é acusado de blasfêmia. Ao que responde: "O Filho do Homem tem sobre a terra autoridade para perdoar pecados", dando a entender que é representante de Deus e, portanto, pode agir em Seu nome. Essa prerrogativa – conferida mais tarde aos padres e ao papas – era tão valorizada que a Igreja Católica, na Idade Média, passou a cobrar indulgências dos fiéis para redimir seus pecados. Esta venda de indulgência só era possível porque uma pessoa não podia perdoar outra. Ela podia ganhar alguns pontos junto a Deus se não procurasse vingança, mas somente Ele e seus "delegados" podiam absolvê-la de seus pecados. Percebe-se que o ofendido não era o protagonista da cena do perdão.

A pretensão deste livro é apresentar uma nova concepção de perdão, que inclui o ofendido como agente. É neste momento que a pessoa ofendida entra em cena e se apropria do poder do perdão e passa a ter autonomia em relação ao seu afeto.

O PERDÃO PARA AS RELIGIÕES

O perdão é e sempre foi o tema central da maioria das religiões. Algumas incluem disciplinas sobre a natureza do ato de perdoar, e muitas destas fornecem uma base subjacente para as várias teorias modernas a respeito do assunto.

Normalmente as doutrinas de cunho religioso trabalham o perdão sob duas óticas diferentes, que são:

- Uma ênfase maior na necessidade de as faltas dos seres humanos serem perdoadas por Deus;

- Uma ênfase maior na necessidade de os seres humanos praticarem o perdão entre si, como pré-requisito para o aprimoramento espiritual. O foco aqui também é o transcendental.

A ideia de perdoar, com a roupagem antiga, apareceu no cenário religioso antes mesmo do Cristianismo. Em todas as culturas e na maioria das religiões, tanto nas ocidentais como nas orientais, o perdão se configura como uma força pessoal poderosa e almejada. Perdoar é nobre, perdoar é digno, perdoar é divino.

A maioria das religiões considera o perdão numa perspectiva de culpabilidade. O medo de ser castigado por uma entidade superior é o que motiva o ato de perdoar. O que pauta o perdão nas religiões, em geral, é a culpa e não a responsabilidade, ou seja, algo imerso num contexto moral. Por isso, a prática está sempre mediada por algo externo à relação entre os sujeitos da questão.

A seguir, demonstraremos a consideração do conceito pelo Judaísmo, Islamismo e Cristianismo.

JUDAÍSMO

Desde tempos remotos, o perdão é considerado a máxima do "bom comportamento humano", mas os judeus perdoam porque acreditam que Deus lhes ordena. O perdão é definido como a remoção ou cancelamento de uma transgressão ou dívida[2] e o transgressor, ao ser perdoado, se candidata para uma relação restaurada com a parte ou partes ofendidas. É importante notar que perdoar não é obrigatório em todas as circunstâncias. Ele está emparelhado ao arrependimento ou remorso sincero, requer compensação da vítima e comprometimento do candidato ao perdão para se comportar de maneira diferente no futuro. É importante ressaltar que, no Judaísmo, se o transgressor se arrepende, a vítima é obrigada a perdoar.

No "Yom Kippur", o Dia do Perdão, os Judeus manifestam remorso pelo que fizeram de errado. É o dia mais importante do calendário judaico, pois, para eles, é impossível viver sem perdão. Essa data marca o final dos "Dez Dias de Arrependimento" e concede aos judeus a última oportunidade de obter perdão e absolvição por seus pecados cometidos durante o ano. É um dia de jejum e reza que é celebrado no décimo mês hebraico de Tishrei, dez dias após Rosh Hashaná, o Ano Novo Judaico.

De acordo com a crença judaica, o julgamento do Yom Kippur é passado por todas as pessoas para o ano vindouro. Para ser digno de receber o perdão pelos pecados, esse dia é dedicado ao arrependimento espiritual e

[2] Peterson e Seligman. Character Strengths and Virtues. A Handbook and Classification, 2004.

comprometimento de começar o novo ano com a consciência limpa, seguro do conhecimento de que Deus perdoa todas as pessoas que verdadeiramente se arrependem de suas transgressões.

O Yom Kippur não está diretamente ligado a nenhum evento histórico, apesar de algumas pessoas acreditarem que, nesse dia, Moisés[3] tenha descido do Monte Sinai com o segundo bloco de pedras onde estavam gravados os Dez Mandamentos. Além do mais, foi também o dia em que Deus perdoou os israelitas pelo pecado do Bezerro de Ouro. Esta é uma festa ordenada pela Torá[4], cujos mandamentos determinam que nenhum trabalho produtivo seja realizado. Embora a maioria da população judaica de Israel não seja religiosa, o Yom Kippur permanece um dia especial para todos e sustenta este caráter único. Mesmo os judeus, que definem a si mesmos como laicos e não visitam a sinagoga ao longo do ano, vão aos serviços de reza neste dia e fazem jejum, completa ou parcialmente.

No dia em que há a celebração, as cidades param as suas atividades cotidianas: quase não há tráfego nas rodovias, e muitas famílias passeiam a pé. O comércio fecha, incluindo aqueles que normalmente estão abertos no dia do Ano Novo Judaico. Mesmo em Tel-Aviv, uma cidade com características laicas, onde raramente existe um dia ou uma hora em que o comércio não esteja aberto e as ruas cheias de carros, os motoristas respeitam a comemoração e evitam dirigir. Crianças de todas as idades podem andar de bicicletas, patins, e *skates*. Todas as rádios e transmissões de televisão israelenses também ficam suspensas, e somente as estações estrangeiras têm sua programação normal. Todo este ritual tem um único objetivo: se livrar dos pecados.

Mas nem sempre foi assim. Em tempos remotos, os judeus sacrificavam animais para receber em troca a piedade divina. Eles abandonavam

---

3 Moisés, segundo a Bíblia, foi um descendente dos hebreus que obediente a Deus teria libertado seu povo do cativeiro no Egito e liderado uma longa peregrinação até a terra de Canaã. Toda a vida de Moisés – seus atos, seus feitos, suas leis – é descrita em quatro livros do Pentateuco: Êxodo, Levítico, Números e Deuteronômio (segunda lei).

Diz a Bíblia que algumas tribos nômades da Palestina abandonaram o solo semiárido daquela região e partiram para o Egito. Chegando lá, foram escravizados e submetidos a trabalhos forçados durante longos anos. No século XII a. C. a opressão chegou ao auge quando o Faraó mandou matar todos os filhos homens do povo de Israel, pois estavam se tornando mais numerosos que eles. Disponível em <https://www.ebiografia.com/moises/> Acesso em 15/04/2017.

4 MACHADO, J. P. Dicionário Onomástico Etimológico da Língua Portuguesa, verbete "Alcorão" Centro de Estudos e Divulgação do Islam, Livros Divinos. (visitado em 06/08/2016) "O Alcorão" - tradução de Mansour Challita. ISBN 978-8-7799-168-6 -Ed. 1ª - Jan.2010. Alcorão: e Deus falou sua língua.

dois bodes no deserto[5] acreditando que levariam com eles os pecados (daí o termo bode expiatório), isentando os homens de culpa. Um dos bodes era sacrificado como uma oferta pelo pecado do povo de Israel. Era uma espécie de pedido de perdão. O outro bode era solto no deserto, com o objetivo de levar para longe a representação de pecado. Simbolicamente, os animais eram mortos em um "sacro-ofício" a Deus, em nome do perdão. Eles eram os mediadores do ato de perdoar.

ISLAMISMO

No Islamismo se acredita na capacidade de Deus para perdoar todos os pecados. Tanto que é chamado de *Al-Grafoor*, O Perdoador. A base da ideia está ancorada na crença de que as pessoas devem perdoar para que possam receber o perdão de Deus por seus próprios pecados para alcançar a felicidade. Diferentemente de outras religiões, no Islamismo é permitida a vingança e, ao contrário do Judaísmo, aqui não basta que o transgressor se arrependa para que seja perdoado[6].

Tendo-se em conta que toda a noção de pecado, perdão e reconciliação gira em torno de Allah, Deus Único e Absoluto, Clemente e Misericordioso, percebe-se que, no Islã, há duas espécies de perdão: a particular ou privada e a pública. Ainda que Allah decida a seu critério quem merece ir para o paraíso ou para o inferno, existe, no Islamismo, a possibilidade de institucionalizar o perdão, que passa para o âmbito governamental e pode ser conseguido por meio de indenização monetária fixa. Para que possamos entender melhor, observemos cada um deles:

Na esfera particular, quem perdoa o outro o faz apenas com a intenção de obter o próprio perdão por seus pecados perante Allah. Quando há um profundo arrependimento, o indivíduo prostra-se no momento da oração ou fora dela e pede perdão. Os islâmicos acreditam que Allah fica contente quando se dirigem a Ele, tanto para pedir perdão como para pedir ajuda e orientação. O importante é não repetir o erro. Para os islâmicos, tudo que fazem aqui na terra está sendo observado por seu Deus. O objetivo

---

5 BLUM, J. Os dois bodes do Yom Kippur. Disponível em <http://jewishstudies.eteacherbiblical.com/pt-br/os-dois-bodes-do--yom-kippur/.> Acesso em 17/05/2017.
6 PETERSON e SELIGMAN, 2004, Op. Cit. p. 448.

de todo "Muslim" (islâmico) é alcançar o Janat (Paraíso), pois consideram a vida transitória e, para alcançar o paraíso, devem ser merecedores aos olhos de Allah. Para se distanciarem do inferno (Geena), pedem perdão diariamente, até por pecados não manifestos ou inconscientes[7]. Tal atitude garantirá o paraíso, caso haja uma morte repentina.

Na Lei Islâmica[8], a ideia destacada é a máxima do Talibã: "Olho por olho, dente por dente". Seguindo este princípio, o perpetrador de um crime é punido com a mesma injúria que causou à vítima. Se o criminoso matou, merece ser morto; se cortou ou injuriou um membro da vítima, então seu próprio membro será cortado ou injuriado, se isto for possível, sem matar o criminoso. A instituição governamental usa especialistas para fazerem esta avaliação. Ou seja, a punição deve ser executada pelo governo, sem a interferência da família ou da pessoa atingida. Ainda assim, uma exceção é feita: a vítima pode perdoar o perpetrador. O Islã, inclusive, encoraja o perdão, prometendo uma recompensa na outra vida para o perdoador.

Como o governo islâmico não é laico e é considerado representante de Allah, aqui na Terra, é admissível que ele receba uma compensação monetária pelo perdão. É bom ressaltar que apenas um pecado não admite perdão nem público, nem privado, nem compensação financeira: blasfêmia contra Allah, que não consente a reverência a outros deuses. Isso iria contra o princípio fundamental do Islã, o Tawhid (monoteísmo puro).

Mais uma vez, percebemos aqui a intermediação divina quando se trata de perdoar. O ato aqui, público ou privado, tem o objetivo único de não desagradar Allah. Ofendido e ofensor são figuras secundárias nesta questão.

BUDISMO

O Budismo é uma religião não teísta que preconiza que o Universo é governado pelo karma, lei da causa e efeito: boas ações produzem bons resultados, enquanto más ações produzem maus resultados. Não há ideia de pecado, por isso, não há ideia de perdão. Apesar de nenhum conceito

---
7 AL-MAUDUDI, S. A. Aspectos do sistema político Islâmico. Disponível em <http://www.islamemlinha.com/index.php/artigos/arte-a-cultura/item/aspectos-do-sistema-politico-islamico> Acesso em 20/05/2017)
8 *Alcorão Sagrado* (96ª surata, versículos 1 a 5) – Tradução: Samir El Hayek. Expansão Editorial: São Paulo, 1975.

corresponder diretamente à ideia ocidental de perdão, duas virtudes, centrais no pensamento budista, se aproximam do tema: paciência e compaixão. Na compaixão, a ênfase é aliviar o sofrimento dos outros, de qualquer pessoa, mesmo que tenha ofendido gravemente alguém. O olhar deve ser terno e não raivoso. A vingança aqui, ao contrário do Islamismo, não é bem-vinda. A paciência ou tolerância compreende suportar a transgressão e abandonar o ressentimento em relação ao algoz. O Budismo também se diferencia do Judaísmo em relação à obrigatoriedade por parte do ofendido, quando o ofensor se arrepende. Aqui, o exercício da tolerância e da compaixão não se baseia em qualquer remorso ou arrependimento do transgressor.[9]

HINDUÍSMO

Algumas tradições hindus também são não teístas. Mas existem algumas versões do Hinduísmo que incorporam a crença em um ser supremo que oferecem exemplos de perdão, que é concedido às pessoas que, humildemente, admitem seus pecados. Porém, alguns escritos sagrados ensinam que os deuses Sri ou Lakshmi estão inclinados a perdoar mesmo na ausência de arrependimento.

Nos tratados hindus sobre justiça, há exemplos de perdão, atrelados a outras virtudes como dever, tolerância, compaixão e paciência. Como no Budismo, a Lei do Karma é relevante para o conceito de perdão. Não há ensinamento definitivo sobre a relação entre perdão e reconciliação. Mas eles reconhecem que o arrependimento e o perdão são importantes precursores da restauração completa das relações que foram danificadas por uma transgressão[10].

CRISTIANISMO

No Cristianismo, assim como no Judaísmo, a noção de perdão é um ponto fundamental da doutrina. No entanto, ao contrário do Judaísmo, a doutrina cristã não condiciona o perdão ao arrependimento do transgressor. Os cristãos não se percebem obrigados a perdoar, simplesmente por-

---
9 PETERSON e SELIGMAN, Op. Cit. p. 448.
10 PETERSON e SELIGMAN, Op. Cit. p. 449.

que o seu algoz se arrependeu. A teologia cristã também distingue perdão e reconciliação. Nessa tradição, a reconciliação entre vítima e transgressor só é possível se a vítima conceder o perdão.[11]

Na Bíblia[12], encontramos diversas passagens em relação ao perdão. Jó, em seu livro, um dos mais belos textos bíblicos, conta como foi devastado pelos efeitos do que poderia parecer, a princípio, uma simples aposta entre Deus e Satã.

Satã propôs a Deus um experimento com Jó[13]: Deus permitiria que, passo a passo, Satã fosse tirando a riqueza, a saúde e, finalmente, o amor da família e o respeito dos amigos do seu fiel servidor. A aposta de seu inimigo era que Jó abandonaria sua fé. No entanto, com todas as adversidades, tendo perdido sua fortuna, com seu corpo coberto por chagas, depois de ter visto seu filho morto, de ter sido alvo de chacota dos amigos, não perdeu a sua fé. Jó perseverou, esqueceu as provações e, antes de recuperar tudo que tinha em dobro, pediu perdão ao seu Senhor.

Outra história bíblica interessante é a parábola do filho pródigo, relatada em Lucas 15:11-32: *"Um homem tinha dois filhos. Disse o mais moço a seu pai: 'Meu pai, dá-me a parte dos bens que me toca'. Ele repartiu os seus haveres entre ambos. Poucos dias depois o filho mais moço, ajuntando tudo o que era seu, partiu para um país longínquo, e lá dissipou todos os seus bens, vivendo dissolutamente. Depois de ter consumido tudo, sobreveio àquele país uma grande fome, e ele começou a passar necessidades. Foi encostar-se a um dos cidadãos daquele país, e este o mandou para os seus campos guardar porcos. Ali desejava ele fartar-se das alfarrobas que os porcos comiam, mas ninguém lhe dava. Caindo, porém, em si, disse: 'Quantos jornaleiros de meu pai têm pão com fartura, e eu aqui estou morrendo de fome! Levantar-me-ei, irei a meu pai e dir-lhe-ei: 'Pai, pequei contra o céu e diante de ti: já não sou digno de ser chamado teu filho; trata-me como um dos teus jornaleiros'. Levantando-se, foi para seu pai. Estando ele ainda longe, seu pai viu-o e teve compaixão dele e, correndo, o abraçou e*

---

11 PETERSON e SELIGMAN, Op cit. p. 447.
12 BIBLIA. Português. Bíblia sagrada. Tradução: Centro Bíblico Católico. 34. ed rev. São Paulo: Ave Maria, 1982.
13 Jó foi um homem íntegro e muito rico que viveu na Antiguidade. Ele passou por um tempo de grande sofrimento e foi acusado de muitos pecados, mas ele não abandonou a Deus. No fim, o próprio Deus defendeu a causa de Jó e o restaurou. Disponível em <https://www.respostas.com.br/quem-foi-jo/> Acesso em 15/04/2017.

beijou. Disse-lhe o filho: 'Pai, pequei contra o céu e diante de ti; já não sou digno de ser chamado teu filho'. O pai, porém, disse aos seus servos: 'Trazei-me depressa a melhor roupa e vesti-lha, e ponde-lhe um anel no dedo e sandálias nos pés; trazei também o novilho cevado, matai-o, comamos e regozijemo-nos, porque este meu filho era morto e reviveu, estava perdido e se achou'. E começaram a regozijar-se. Seu filho mais velho estava no campo; quando voltou e foi chegando à casa, ouviu a música e a dança: e chamando um dos criados, perguntou-lhe que era aquilo. Este lhe respondeu: 'Chegou teu irmão, e teu pai mandou matar o novilho cevado, porque o recuperou com saúde'. Ele se indignou, e não queria entrar; e saindo seu pai, procurava concíliá-lo. Mas ele respondeu a seu pai: 'Há tantos anos que te sirvo, sem jamais transgredir uma ordem tua, e nunca me deste um cabrito para eu me regozijar com os meus amigos; mas quando veio este teu filho, que gastou os teus bens com meretrizes, tu mandaste matar para ele o novilho cevado'. Replicou-lhe o pai: 'Filho, tu sempre estás comigo, e tudo o que é meu é teu; entretanto cumpria regozijarmo-nos e alegrarmo-nos, porque este teu irmão era morto e reviveu, estava perdido e se achou'."[14] Este também é um exemplo de reconhecimento e de perdão trazido pela Bíblia dos cristãos.

São muitas histórias de perdão no Cristianismo. Porém, a mais chocante de todas é a que se refere à venda de indulgências, na era Medieval. Acreditava-se que Cristo em pessoa, a Virgem Maria e muitos santos tivessem ganhado, durante sua vida, um "superavit" de mérito que poderia ser distribuído entre os infiéis ou fiéis menos praticantes. Para se diminuir a culpa e a pena desses pecadores, a Santa Igreja Católica Apostólica Romana, durante fins da Idade Média europeia, passa a fazer "negócios" com essa "graça", em troca, claro, de parte do patrimônio dos desafortunados.

Durante o pontificado do Papa Leão X (1513 – 1521), essa prática atingiu o seu auge[15]. Qualquer crime, por mais cruel que fosse, poderia ser perdoado, mediante pagamento. Aqui, o mediador é a moeda. Segue uma lista com alguns dos perdões previstos e seus respectivos valores:

---
14 BÍBLIA ON LINE. Disponível em<https://www.bibliaonline.com.br/tb/lc/15>. Visitado em 20/06/2016.
15 LINS, R.N. O Livro do Amor, volumes I e II, Ed. Best Seller. 2012.

TABELA DE PREÇOS PELO PERDÃO[16]

1. O eclesiástico que incorrer em pecado carnal, seja com freiras, primas, sobrinhas, afilhadas ou, enfim, com outra mulher qualquer, será absolvido mediante o pagamento de 67 libras e 12 soldos.
2. Se o eclesiástico, além do pecado de fornicação, pedir para ser absolvido do pecado contra a natureza ou bestialidade, deverá pagar 219 libras e 15 soldos. Mas se tiver cometido pecado contra a natureza com crianças ou animais, e não com uma mulher, pagará apenas 131 libras e 15 soldos.
3. O sacerdote que deflorar uma virgem pagará duas libras e oito soldos.
4. A religiosa que quiser ser abadessa após ter se entregado a um ou mais homens simultaneamente ou sucessivamente, dentro ou fora do convento, pagará 131 libras e 15 soldos.
5. Os sacerdotes que quiserem viver em concubinato com seus parentes pagarão 76 libras e um soldo.
6. Para cada pecado de luxúria cometido por um leigo, a absolvição custará 27 libras e um soldo.
7. A mulher adúltera que pedir a absolvição para se ver livre de qualquer processo e ser dispensada para continuar com a relação ilícita pagará ao Papa 87 libras e três soldos. Em um caso análogo, o marido pagará o mesmo montante; se tiverem cometido incesto com o próprio filho, acrescentar-se-ão seis libras pela consciência.
8. A absolvição e a certeza de não ser perseguido por crime de roubo, furto ou incêndio custarão ao culpado 131 libras e sete soldos.
9. A absolvição de homicídio simples cometido contra a pessoa de um leigo custará 15 libras, quatro soldos e três denários.
10. Se o assassino tiver matado dois ou mais homens em um único dia, pagará como se tivesse assassinado um só.

Fonte: Jacopo: 2007

Nascido na Alemanha em 1483, Martinho Lutero foi o grande idealizador da Reforma Protestante, pois era contra a exclusividade de acesso à leitura da Bíblia e venda de indulgências. Lutero foi ordenado padre em 1507 e excomungado por não concordar com as ideias católicas, e inaugurou com isto a organização de diversas igrejas evangélicas que se espalham até hoje.

---

16 FO, J.; TOMAT, S.; MALUCELLI, L.. O Livro Negro do Cristianismo. Rio de Janeiro: Ediouro, 2007.

O surgimento de outras religiões foi uma das principais consequências da Reforma Protestante de Lutero. A Reforma Calvinista na Suíça liderada por João Calvino, no século XVI, foi um exemplo da influência de Lutero para o surgimento de práticas reformistas contra a Igreja Católica. Posteriormente, destacou-se o Anglicanismo na Inglaterra, promovido por Henrique VIII, que rompeu com o catolicismo.

Lutero defendia a ideia de que o perdão está no centro da vida cristã[17] e que "tudo na cristandade é ordenado para a finalidade de se buscar todos os dias simplesmente o pleno perdão dos pecados"[18]. Indignado com os abusos na venda de indulgências, afixou na porta da igreja do castelo de Witeenberg as 95 teses que formulara contra o sistema de indulgências[19]. O escrito teve imediata repercussão na Alemanha. O sucesso alcançado por suas ideias encorajou Lutero a atacar, em 1518, os métodos teológicos da filosofia escolástica, apoiado por seu colaborador Philipp Melanchthon. Lutero enviou ao papa Leão X um documento no qual sustentava que as indulgências não haviam sido instituídas por Cristo, mas pelo papado, sendo assim, o pagamento pelo pecado à Igreja não salvaria o cristão.

Com isso, ele trouxe os fiéis para próximo do seu Deus, possibilitando o acesso direto, sem intermediários, para a obtenção do perdão. Agora, para ser perdoado dos pecados, um cristão não precisava mais pagar. Era só pedir a Deus, com vigor, que estava tudo certo! Atualmente, algumas igrejas protestantes não vendem o indulto de perdão, mas estimulam a culpa por exigirem tributos que correspondam ao tamanho do pecado.

Esses fatos nos mostram como a religião, mesmo valorizando alguma forma de reconciliação entre ofendido e ofensor, fica aquém do conceito de perdão elaborado e desenvolvido pela Ciência hoje.

No Cristianismo, que herdou parte da doutrina judaica, o perdão está em uma das principais orações repetidas pelos fiéis, o Pai-Nosso. Mesmo assim, é mais comum encontrar um cristão pedindo perdão a Deus do que oferecendo perdão a um vizinho briguento. Os cristãos ensinam que, para

---

17 FISCHER, J. Culpa, perdão e penitência em Lutero. *Reflexões em torno de Lutero*
Disponível em<http://www.luteranos.com.br/textos/culpa-perdao-e-penitencia-em-lutero>. Acesso em 15/04/2017.
18 Artigos de Esmalcalde III, 3, 2. In: Livro de concórdia; as confissões da Igreja Evangélica Luterana. Trad. de Arnaldo Schüler. São Leopoldo, Sinodal; Porto Alegre, Concórdia, 1980. p. 325.
19 LINS, R.N. O Livro do Amor, volumes I e II, Ed. Best Seller. 2012.

quem pede perdão, é indispensável o arrependimento sincero. Para os cristãos, o símbolo máximo do perdão é Jesus Cristo. E o que ele disse na cruz? *"Pai, perdoe, pois eles não sabem o que fazem!"*

Sob minha reflexão, Jesus Cristo, uma referência ocidental para a excelência do comportamento humano, usou na cruz uma referência, que a meu ver baseia toda capacidade de perdoar: a empatia. Ele se colocou no lugar de seus algozes, entendendo que só o crucificavam por mera ignorância, pois não sabiam o que estavam fazendo. Exercitar a empatia não é uma tarefa muito fácil. Muitas vezes, é quase impossível se colocar no lugar do outro e entender suas razões, mas, para a cena do perdão, é uma atitude essencial e só se consegue por meio do exercício diário.

Percebemos aqui que, para o perdão, sempre houve um mediador: Jeová, Allah ou Deus. O imaginário trazido até hoje faz com que o sujeito não se sinta capaz de decidir-se pelo perdão. A indagação "Quem sou eu para perdoar?" faz parte do discurso beato e invade o inconsciente coletivo. É preciso desfazer esse equívoco conceitual para libertar ofendido e ofensor, de modo que possamos desfazer as mágoas em relação ao outro ou a nós mesmos, para que consigamos florescer e aumentar o nosso bem-estar.

O PERDÃO PARA A FILOSOFIA

IMMANUEL KANT

"Toda reforma interior e toda mudança para melhor dependem exclusivamente da aplicação do nosso próprio esforço."

O sentido moderno do perdão surgiu com Immanuel Kant (1724-1804), que preconizava a autonomia do homem em relação a Deus. Ele considerava o homem como autor de seu destino, com capacidade para interferir nele, tirando-o da posição de joguete de forças que o transcendem. O idealismo transcendental kantiano considera que não há um Deus que predetermina nossas escolhas ou que nos impõe as consequências delas. É nesta medida que ele causa uma grande revolução no pensamento ocidental.

Kant confere à prática humana a autonomia e responsabilidade das suas próprias ações[20].

Kant preconiza que nada pode ser aceito sem passar pelo crivo da razão, questionando assim todo o conhecimento científico, prático e moral. Ele inaugura uma postura crítica fundamental que se recusa a aceitar um sistema filosófico sem questionamentos, cheio de dogmas, marcando, assim, o lugar central de um eu racional que terá que construir o campo da sua subjetividade.

Esta revolução do pensamento ético proporcionou a ideia de que o remorso e a mudança interior do agressor deveriam ser julgados não por Deus, mas pela pessoa ofendida, que faria o esforço quase sobre-humano de ver o outro como merecedor de seu perdão. Foi Kant quem trouxe o perdão do plano divino para a ética humana.

Apesar de ter trazido à baila essa ideia com o seu racionalismo, o conceito de perdão nunca recebeu um olhar mais acurado dos filósofos. O assunto foi relegado à esfera da religião e permaneceu lá por muito tempo[21]. O "resgate" do perdão, como objeto da Filosofia, foi feito por Jacques Derrida e Paul Ricoeur, dois grandes pensadores que se estabeleceram depois da Segunda Guerra Mundial.

JACQUES DERRIDA

"A única coisa que o perdão deve perdoar é o imperdoável."

Nascido na Argélia, na África do Norte, em 1930, Jacques Derrida iniciou, em 1960, o que chamou de "desconstrução" em Filosofia. Importante notar aqui que a "desconstrução" para Derrida se refere à reflexão do que chama de "dogmas ocidentais". É o repensar sobre conceitos já prontos. Ele é considerado hoje o filósofo mais traduzido no mundo, tendo uma obra imensa com mais de cem títulos. Começou a se interessar pelo conceito de perdão depois do processo de reconciliação na África do Sul, no

---

20 CACCIOLA, Maria Lucia. Os Pensadores, um curso. Immanuel Kant, o predomínio da razão. São Paulo: Casa do Saber, 2009.
21 GUIMARÃES, P.H. C. Justiça e Perdão no Pensamento de Paul Ricoeur. Disponível em <https://jus.com.br/artigos/22712/justica-e-perdao-no-pensamento-de-paul-ricoeur>. Pedro Henrique Correa Guimarães. Acesso em 22/12/2016.

pós-Apartheid, e no Chile, depois de Pinochet. Em 1998, quando acompanhou Mandela nos trabalhos da Comissão de Verdade e Reconciliação, propôs uma discussão acerca da impunidade da atitude social em face dos crimes da Humanidade. Seu interesse pelo tema se acentuou devido ao que ele chamou de "mundialização do perdão".

À época, as cenas de arrependimento, confissões, de perdão e desculpas se multiplicaram desde o final da Segunda Guerra Mundial e se espalharam por todos os cantos do planeta. É a Igreja Católica pedindo perdão pelos crimes cometidos na Segunda Guerra; o primeiro ministro do Japão aos coreanos e chineses; o governo da Bélgica, por não ter agido em relação ao genocídio em Ruanda, e, mais recentemente, a confissão oficial do Chile sobre os crimes bárbaros que cometeu.

Jacques Derrida, então, volta o seu olhar para este tema tão contundente e universal e começa a pensar sobre o perdão. Para ele, "a única coisa que o perdão deve perdoar é o imperdoável". Segundo sua perspectiva, se o perdão perdoa o perdoável, deixa de ser perdão[22]. E perdoar o imperdoável representa "uma prova de fogo". Derrida diz que o perdão não pode ser banalizado, pois ele é excepcional. Não se confunde com anistia, prescrição, nem justiça. Também não há simetria entre punir e perdoar. Para ele, é possível mantermos uma acusação penal perdoando, ou inversamente, podemos não julgar, mas perdoar. O perdão não é um julgamento, um veredicto público. Para este filósofo, o perdão é "estrangeiro" ao direito penal e também não pertence ao campo político nem jurídico. Jacques Derrida, ao ser entrevistado por Evandro Nascimento[23], acentua que "o perdão é uma espécie de loucura, ele faz o impossível".

Esta proliferação de cenas de arrependimento citadas não é desvalorizada por Derrida, mas o que o preocupa "é o simulacro, o ritual automático, a hipocrisia ou o cálculo que essas cenas poderiam representar"[24]. A

---

22 MOISÉS, C. P. A Justiça e o Perdão em Jacques Derrida. Disponível em https://revistacult.uol.com.br/home/a-justica-e-o-perdao-em-jacques-derrida/ Cláudia Perrone-Moisés (Acessoem 06/06/2016)
23 NASCIMENTO, E. Jacques sem fatalismos. Disponível em http://www1.folha.uol.com.br/fsp/mais/fs1508200409.htm. (Acesso em 07/06/2016)
24 MOISÉS, C. P. Disponível em https://revistacult.uol.com.br/home/a-justica-e-o-perdao-em-jacques-derrida/ Claudia Perrone-Moisés. Acesso em 06/06/2016.

generalização dos pedidos de perdão pode banalizar o seu sentido fazendo com que todos se considerem culpados e ninguém mais possa ser colocado na posição de juiz. Aqui, não são pessoas pedindo perdão, mas entidades (governos, igrejas etc.), o que por si só, segundo sua ótica, já descaracteriza o conceito de perdão. Para ele, faz-se necessária uma volta ao passado, um ato de memória, de autoacusação, de arrependimento, levado para além da instância jurídica e do Estado-Nação. É necessário um sujeito perdoador.

Ao responder à pergunta: "Quem deve perdoar?", Derrida cita o exemplo de uma mulher na Comissão de Verdade e Reconciliação na África do Sul, cujo marido tinha sido preso e torturado que disse: "Uma comissão ou um governo não pode perdoar. Só eu, eventualmente, poderia fazer isso. Mas não estou pronta para perdoar."[25] Esta frase é emblemática para entendermos o que Derrida considera como perdão. Não é o Estado ou Nação que interfere no ato de perdoar. O Estado pode até julgar, mas o perdão não tem nada a ver com julgamento, nem com o espaço público ou político.

Derrida ainda faz uma diferença entre o perdão condicional e o incondicional, tão presentes na nossa tradição judaico-cristã. Na primeira hipótese, o perdão só tem sentido se aquele que fez algo pede perdão, reconhecendo o seu erro, se arrependendo. Aqui podemos entender que o indivíduo está no caminho da mudança, reconheceu a sua falta e se arrependeu. Existe uma troca: o arrependimento pelo perdão. Este é o tipo de perdão condicional. No segundo caso, o perdão é concedido, qualquer que seja a atitude do culpado, mesmo que não peça perdão ou se arrependa. Perdoa-se o culpado como culpado e pronto. O autor da ação muitas vezes nem precisa saber que foi perdoado. Perdoar, para este autor, é sempre divino, ainda que exercido pelo homem.

Derrida também diferencia o perdão de outros conceitos como o de anistia e o de prescrição. Os crimes contra a humanidade, por exemplo, não admitem anistia nem prescrição. A palavra "anistia", assim como "amnésia", deriva do grego "amnestia", que significa esquecimento e, definiti-

---

[25] MOISÉS, C. P. Disponível em https://revistacult.uol.com.br/home/a-justica-e-o-perdao-em-jacques-derrida/ Cláudia Perrone-Moisés. Acesso em 06/06/2016.

vamente, perdoar, para Derrida, não é esquecer. O que caracteriza a prescrição é o decurso do tempo: depois de determinado prazo, o crime deve ser esquecido. Mas, nos casos dos crimes contra a humanidade, entende-se que não importa quando tenham sido cometidos; sempre deverão ser punidos, não sofrendo os efeitos da prescrição.

Em um de seus últimos colóquios, no Rio de Janeiro em 2004, "Pensar a Desconstrução"[26], Jacques Derrida escolheu falar sobre o perdão. Disse, com um esforço tremendo, num ambiente de muita emoção, que o perdão não deve ter nenhuma finalidade, pois seus laços essenciais o unem ao amor e concluiu dizendo que perdoar não significa esquecer. Ao contrário, perdoa-se para ter viva a memória do mal praticado, como sinal permanente de advertência.

PAUL RICOEUR

*"O Perdão é tão difícil de ser dado,
quanto compreendido."*

Paul Ricoeur nasceu em Valence, em 1913, e morreu em Paris, em 2005. Ele também tinha, como elementos centrais da sua filosofia, o perdão e a justiça. Para Ricoeur, a dificuldade de compreender o perdão está inserida na dificuldade que temos de compreender um ato inacabado, pois o perdão entra em cena para resolver conflitos não resolvidos. Perdoar não é fácil porque é uma luta contra a dor, precisa ser digestão bem feita de algo difícil de ser digerido[27].

Em *Memória, História e Esquecimento*[28], dedica o último capítulo ao perdão e o intitula "O Perdão Difícil", marcando uma diferença entre perdão e anistia. A anistia, em sua perspectiva, é considerada uma "amnésia institucional" que faz com que o fato seja considerado como se nunca tivesse ocorrido. Simplesmente não soluciona o conflito, mas o finaliza. Diferentemente da anistia, o perdão inclui a memória. É um ato particular, individual, da vítima de um dano ou transgressão, que não deve ser impos-

---

26 NASCIMENTO, E. et al. Jacques Derrida: Pensar a Desconstrução. Rio de Janeiro: Ed. Estação Liberdade, 2005.
27 GUIMARÃES, H. C. Disponível em <https://jus.com.br/artigos/22712/justica-e-perdao-no-pensamento-de-paul-ricoeur.> Acesso em 05/05/2016.
28 RICOEUR, P. Memória, História e Esquecimento. Tradução Alain François. Campinas: Editora Unicamp. 2007.

to ou exigido. É um ato volitivo e espontâneo que diz respeito somente ao sujeito que foi injuriado. Por isso não pertence ao plano do Direito nem da ordem jurídica. O ato do perdão não está localizado em um espaço pré-determinado, como um tribunal, e também não existem critérios claros para a sua obtenção ou oferecimento. Também não se pode afirmar se há alguém digno de perdão, nem que, em alguns casos, deve ser oferecido. Por isso não serve à Justiça. O perdão, para Ricouer, a transpassa. Muitas vezes sela um conflito e a dispensa.

Justiça e perdão são conceitos que se aproximam, mas não se confundem. Ambos têm o objetivo de cessar uma celeuma ou selar um conflito estabelecido, no entanto não são substituíveis. Por exemplo, podemos perdoar alguém, mas mesmo assim concluir que o que o sujeito fez não foi justo. O contrário também acontece: podemos entender que o ato foi justo, mas mesmo assim podemos não perdoar. Por exemplo, Catarina perdoou a sua mãe por tê-la abandonado na infância, no entanto não considerou esse ato justo. Ou João pediu Justiça, visto que foi roubado por seu irmão na partilha dos bens na herança de sua mãe. Obteve o ressarcimento, mas mesmo assim não perdoou o irmão. Esses conceitos não se confundem, nem se complementam. Enquanto a Justiça dá conta de questões externas, o perdão tem a ver com uma transformação interna, subjetiva, individual.

Em *Condenação, Reabilitação e Perdão*[29], Ricouer discute a punição e a absolvição dentro da esfera jurídica. Para ele, a frase que diz que a vingança é a justiça com as próprias mãos é carente de sentido. Se a justiça fosse possível de se fazer sem um elemento intermediário, como um juiz ou um processo, nunca conseguiria uma porção definitiva entre o justo e o injusto. Para Ricouer, a justiça é complexa porque a linha que separa o justo do injusto é muito tênue.

Immanuel Kant, Jacques Derrida e Paul Ricouer trazem para o pensamento moderno esse conceito complicado de ser entendido e difícil de ser aplicado, e incluem o sujeito e sua vontade como fundamentais para o perdão. O objetivo é levar-nos a repensar nossa atuação no mundo, aplacar

---
29 RICOEUR, P. O Justo 1. Tradução Ivone Benedetti. São Paulo: Editora Martins Fontes, 2008.

nossos ressentimentos e aliviar as contundentes dores da alma. Para perdoar é necessário que não haja intermediários, sejam eles divinos, estatais, ou de qualquer ordem. É preciso decidir-se pelo perdão.

Neste capítulo tratei do conceito de perdão e procurei mostrar sua concepção por diversas religiões e para a Filosofia. No próximo falarei sobre a ideia de perdão inserida no contexto científico atual.

3
O PERDÃO PARA AS CIÊNCIAS

Neste terceiro capítulo, minha intenção é mostrar como o conceito de perdão tem sido considerado no campo científico nos últimos anos. Para isso, cito alguns pesquisadores, apresentando os resultados de seus estudos. Ressalto também o impacto do perdão na cura da depressão e outras mazelas causadas pelo rancor, ódio e mágoa.

Como vimos até aqui, o conceito de perdão vem mudando ao longo da história da humanidade. Apesar de guardarem algumas similaridades, não há consenso sobre o que, de fato, é perdoar. Alguns autores incluem a ideia de reconciliação, outros não a consideram necessária. Unanimidade é considerar o conceito como fundamental, pois auxilia o indivíduo, inserido em seu contexto social, a funcionar melhor[1].

Observamos que perdoar deixou de ser algo transcendental e passou para a esfera humana. Segundo Peterson e Seligman[2], ele pode ser pontual, quando é dado para uma transgressão específica ou pode ser considerado como uma disposição mais ampla para perdoar. É nessa medida que podemos considerá-lo uma força de caráter.

---
1 RADFORD, N. Forgiveness: The Key To a Happier Future Disponível em <https://positivepsychologyprogram.com/forgiveness/>. Acesso em 26 jun 2017.
2 PETERSON, C.; SELIGMAN, M. E. P. Character strengths and virtues: A handbook and classification. New York: Oxford University Press and Washington, DC: American Psychological Association, 2004. P. 451.

Pesquisas realizadas por Wang[3] com estudantes em Taiwan revelam que o que podemos chamar de tendência para perdoar faz parte dos chamados cinco grandes traços de personalidade. Para esse autor, pessoas mais agradáveis e emocionalmente estáveis têm maior facilidade para perdoar, enquanto as instáveis emocionalmente se agarram à dor.

Como vimos no capítulo anterior, o perdão é considerado pela Psicologia Positiva como uma força de caráter e, como tal, faz parte da essência da humanidade e pode ser desenvolvido. Peterson afirma que "o perdão desata nosso próprio ódio e nos liberta de um passado perturbador"[4]. É uma decisão deliberada de se desfazer dos sentimentos de ressentimento ou de vingança em relação a uma pessoa ou grupo. Essa decisão não depende se o transgressor merece ou não ser perdoado. O perdão é muito melhor para quem perdoa. Tal fato foi comprovado por Harris[5] e seus colegas de pesquisa em um estudo realizado em 2001. Eles constataram que quem perdoa sofre menos com a raiva e, por isso, tem menos estresse, ruminação e reatividade em comparação com aqueles que mantêm seus pensamentos atrelados à dor do passado.

Mas quais são as medidas que se referem ao perdão? Quando podemos dizer que alguém é ou não um "bom perdoador"? Peterson e Seligman[6] focam, ao se referirem às escalas de perdão, o que consideram como força de caráter, ou seja, uma tendência "natural" para perdoar. Essas medidas não são adequadas para o que chamam de perdão para uma transgressão específica.

Diversos estudiosos desenvolveram escalas de medida para o perdão e chegaram à conclusão que essa atitude está associada a uma variedade de traços que causam bem-estar social e pessoal. Em 2001 Berry *et al.*, Maltby e Day concluíram que quem perdoa mais tem menos afetos negati-

---

3 Wang, T. Forgiveness and the Big Five Personality traits among Taiwanese Graduates Social Behavioural and Personality, 2008, 849-850.
4 Whats Forgiveness (2004). Retieved from greater good: Disponível em: HTTP://greatergood.berkeley.edu/topic/forgiveness-definition. Acesso em 26/04/2017.
5 Harris, A.H. et al. Effects of Group Forgiveness Intervention on Perceived Stress, State and Trait, Anger, Symptoms of Stress, Self-Reported Health and Forgiveness (Stanford Forgiveness Project). Journal of Clinical Psychology 62 (6), 715-733.
6 PETERSON, C.; SELIGMAN, M. E. P. Character strengths and virtues: A handbook and classification. New York: Oxford University Press and Washington, DC: American Psychological Association, 2004. P. 451.

vos como raiva, ansiedade, depressão e hostilidade[7]. Mauger e Rye e uma equipe de pesquisadores concluíram através de suas escalas que o perdão também endossa bons comportamentos e atitudes sociais[8].

Atualmente, para além da Psicologia Positiva, a ciência tem abraçado essa causa e comprova que o exercício de arrancar a mágoa do peito é eficaz para levar o sujeito a agir melhor no mundo. Esse ato aumenta o bem-estar subjetivo tanto do sujeito, quanto de quem o acompanha. Sem o perdão, a humanidade para, estanca, petrifica-se. O bispo africano Desmond Tutu escreveu, na introdução do livro de Robert Enrigth[9]: "O perdão é uma necessidade absoluta para a continuidade da existência humana".

Esse assunto se tornou objeto para cientistas de todas as áreas: médicos, psicólogos, líderes políticos e, ainda, entidades religiosas mostram que perdoar vai além do discurso que se limita ao transcendental. Diz respeito à saúde pública. Tais pesquisas não se restringem à Ciência da Psicologia Positiva. Elas se alastram pelo campo científico de uma forma geral, pois se sabe que quem perdoa solta as mágoas e se libera para novas vivências positivas, o que aumenta o bem-estar do corpo e da alma.

Seguem alguns exemplos dos estudos realizados e dos resultados obtidos.

CHARLOTTE VANOYEN WITVLIET
(HOPE COLLEGE, MICHIGAN, EUA)

Pesquisadora do Departamento de Psicologia do Hope College, Michigan, EUA, Charlotte Van Oyen Witvliet se dedica há mais de duas décadas ao estudo sobre os efeitos da prática do perdão[10]. Junto com seus colegas

---

7 Berry, J.W., Worthington, E.L., Parrott, L., O'Connor, L.E., &Wade, N.G. (2001). Dispositional forgivingness: Development and construct validity of the Transgression Narrative Test of Forgiveness (TNTF), Personality and Social Psychology Bulletin, 27, 1277-1290.
8 PETERSON, C.; SELIGMAN, M. E. P. 2004, op cit. p.452.
9 ENRIGHT, R. D. O Poder do Perdão. O Perdão pode transformar o sofrimento em esperança(M. A. Campos, Trad.). Lisboa: Estrela Polar. (Obra original publicada em2001). (2008)
10 Forgiveness and Health: Scientific Evidence and Theories Relating. Disponível em
<https://books.google.com.br/books?id=pAu0CgAAQBAJ&pg=PA43&lpg=PA43&dq=Charlotte+Van+Oyen+Witvliet+(Hope+College,+Michigan,+EUA).&source=bl&ots=bnZoKkzB8T&sig=VlBs-GYWpCtD77LViMjSYaVWrPo&hl=pt-PT&sa=X&ved=0ahUKEwiVqsWY3JrTAhXMipAKHe_3BcQQ6AEIQjAI#v=onepage&q=Charlotte%20Van%20Oyen%20Witvliet%20(Hope%20College%2C%20Michigan%2C%20EUA).&f=false>

de trabalho Daryl R. Van Tongeren e Lindsey Root Luna, identificou que perdoar é um excelente promotor de saúde, tanto física quanto mental. A perspectiva desse grupo sobre perdão é integrativa: biopsicossocial e espiritual e tem como objetivo central também promover o florescimento humano. Eles consideram o indivíduo inserido nas relações com o sagrado e ao mesmo tempo estão atentos aos processos psicológicos e fundamentos biológicos envolvidos em seus relacionamentos.

É importante notar que também ressaltam a importância de "limpar" o conceito de perdão, visto que as pessoas têm diversos pontos de vista, que geralmente são influenciados por seus sistemas de crenças e valores. Para eles, o perdão é considerado em três esferas: a do autoperdão, o perdão ao outro e o perdão pelo viés do sagrado, do transcendental, pois é uma possibilidade de resposta moral e relacional que tem o poder de reduzir o estresse e promover uma reparação na relação com Deus, com os outros e com si mesmo.

Segundo esses pesquisadores, no contexto da saúde de uma forma ampla, perdoar é uma importante questão tanto para médicos, quanto para o paciente e seus familiares, visto que essa atitude gera motivação para que o paciente participe ativamente do seu tratamento, além de diminuir o estresse associado a uma injustiça. A falta de perdão ativa respostas no corpo, pois incita a ruminação sobre ofensas interpessoais e rancores que geram estresse no sistema cardiovascular, sistema nervoso simpático e parassimpático, causando alteração na frequência cardíaca. A mágoa e o ressentimento atrapalham o tratamento médico, inclusive.

Em seu conceito de perdão, não está inserida a reconciliação. Perdoar também não é esquecer, ignorar, desculpar ou banalizar a ofensa. A concessão de perdão é um processo pelo qual o indivíduo considera honesta e claramente o malfeitor e o mal, com todas as características que lhes cabem e substitui respostas destrutivas e negativas em relação a eles por respostas cognitivas, comportamentais e emocionais mais positivas. Essas mudanças não são imediatas. Elas exigem tempo e elaboração do pensamento.

Em um de seus mais famosos experimentos sobre o impacto do ato de perdoar na saúde do corpo[11,] pediu que os voluntários se lembrassem de alguma ferida antiga, algo que lhes tivessem machucado ou magoado. Ao recordarem o fato, as pessoas respondiam fisiologicamente com mecanismos naturais em situações de ameaça, quando precisamos lutar ou fugir. Foram observados aumento da frequência cardíaca e da pressão sanguínea, suor excessivo e alteração na musculatura facial, que demonstravam sinais de raiva ou tristeza. Em contrapartida, quando se imaginavam compreendendo os motivos que levaram o outro a agir de maneira a magoá-los ou feri-los, utilizando para isso a empatia e compaixão, seus corpos responderam fisiologicamente, voltando ao estado normal.

Esses estudos provam o quanto perdoar ou não causa efeitos colaterais, tanto emocionais quanto fisiológicos, atingindo assim, contundentemente, a nossa saúde. Provam também que o que pensamos ou imaginamos influencia drasticamente a forma como reagimos corporalmente. A Psicologia Positiva entra aí. Não tem como proposta transformar a adversidade em si, mas mudar o olhar sobre a tragédia, fazendo com que o indivíduo reinterprete o fato e deixe de ocupar o lugar de vítima das circunstâncias. A proposta de suas abordagens é de sugerir ao indivíduo transformar a emoção a partir de uma nova maneira de olhar para a dor, com técnicas que demonstrarei mais adiante.

Concluímos com o auxílio luxuoso da pesquisa de Charlotte Van Oyen Witvliete e seus colaboradores, que decidir perdoar é fundamental também para a saúde do nosso corpo. Adoecemos menos quando exercitamos e aprimoramos essa qualidade humana difícil de ser compreendida e magnífica ao ser utilizada.

FRED LUSKIN
(UNIVERSIDADE DE STANFORD, EUA)

Fred Luskin, diretor do Projeto Perdão da Universidade de Stanford, decidiu investigar o tema após ter sido magoado por um amigo. Achou

---

11 C.V. Witvlietet et al., "Granting Forgiveness or Harboring Grudges: Implications for Emotion, Physiology, and Health", in Psychological Science, 2001, pág. 117-23.

uma forma individual de perdoar e quis provar que a técnica pode funcionar com outras pessoas em casos semelhantes ou em casos mais graves. Luskin afirma que "o perdão pode curar inúmeros problemas psicológicos e emocionais – desde traumas severos, como a morte de uma criança, até dificuldades para lidar com perdas financeiras no mercado de ações"[12].

Descreve o perdão como sendo uma forma de se atingir a calma e a paz, tanto com o outro quanto consigo mesmo. A terapia que propõe encoraja as pessoas a terem maior responsabilidade sobre suas emoções e ações, e serem mais realistas sobre os desafios e quedas de suas vidas. Ressalta que, ao perdoar, não eliminamos o fato em si. É impossível que deixe de existir. Apenas retiramos a importância que demos anteriormente. Essa é uma maneira de ficar em paz, mesmo tendo sofrido um mal. Desse modo, o prejudicado consegue levar sua vida em frente. Não fica ancorado na dor.

No que se refere à Justiça, Luskin ressalta que perdoar não quer dizer que não precisamos pedir reparação do prejuízo, material ou psicológico. Mas permite que façamos isso longe de uma perspectiva rancorosa ou transtornada.

Quanto à reconciliação, o pesquisador diz que esse é um dos grandes equívocos em relação ao conceito. Em suas palavras: "A reconciliação envolve a decisão de voltar a falar ou não com seu parceiro após a infidelidade. Perdão significa esquecer a raiva e o desespero que você sente porque não conseguiu a lealdade que desejava"[13]. Reconciliar exige que convivamos com quem nos magoou. Perdoar significa fazer as pazes com o passado e não culpar a pessoa que nos feriu. O perdão não exige reconciliação. Podemos perdoar quem já não está entre nós, porque morreu ou porque não voltará mais.

Perdoar também não significa esquecer. Não devemos, segundo Luskin, esquecer nosso passado, visto que a nossa história de vida é fundamental para nos tornarmos quem somos. A lembrança é fundamental também para sinalizar quando algo parecido começar a se delinear no presente. É uma forma de proteger-nos contra a repetição do fato doloroso.

Em relação à raiva, Fred Luskin diz que "a coisa mais importante de ser

---

[12] Luskin, Fred. Aprenda a Perdoar e tenha um relacionamento feliz. São Paulo: Ediouro, 2008. Pág. 9.
[13] Luskin, Fred. Idem. Pág. 30.

lembrada é que perdoar não significa desistir do direito de ficar com raiva por ter sido magoado(a) ou maltratado(a)"[14]. Significa apenas utilizar essa emoção básica a nosso favor. Desse modo, é fundamental ressaltar que não é preciso ser condescendente com as atitudes do nosso ofensor. Não precisamos concordar com ele. Precisamos apenas retirar a energia investida e colocá-la em um lugar mais produtivo.

Para resumir, Fred Luskin define o que é e o que não é perdoar[15]: Perdoar não é ser condescendente com o ofensor; não é esquecer; não é aceitar o mau comportamento; não é uma experiência transcendental nem religiosa; não significa reconciliar; não significa abrir mão de sentir raiva; não é o mesmo que não querer que a justiça seja feita. O perdão diz respeito ao ofendido e não ao ofensor; significa evitar que sua potência seja diminuída; tem a ver com superação e não se refere ao outro; é uma habilidade que pode ser aprendida; ajuda a ter controle sobre os sentimentos; melhora a saúde mental e física; tem a ver com tornar-se herói e não vítima das circunstâncias; é uma escolha; todos podem aprender; tem a ver com o presente e não com o passado; é reconhecer que foi ferido e mesmo assim seguir em frente.

Em seu Projeto em Stanford, que focava o impacto das emoções negativas, como raiva, mágoa e ressentimento no sistema cardíaco, combinou pesquisas dissertativas com técnicas psicoterapêuticas e comprovou, pelos resultados do trabalho, que os participantes apresentavam redução do nível de estresse, viam-se menos irados e mais confiantes de que, no futuro, eles perdoariam mais e mais facilmente. Além disso, o estudo também mostrou que o perdão pode promover uma melhora na saúde física, pois o grupo apresentou uma diminuição significante em sintomas como dores no peito, na coluna, náuseas, dores de cabeça, insônia e perda de apetite. Luskin e Carl Thoresen, PhD em Psicologia e parceiro nessa pesquisa, afirmam que essa melhora psicológica e física persiste ao menos por quatro meses; em alguns casos a melhora continua acontecendo.[16]

---

14 Idem, pág. 33.
15 Ibdem pág. 34-35
16 A cura pelo perdão. Disponível em https://www.ippb.org.br/textos/especiais/mythos-editora/a-cura-pelo-perdao. Acesso em 30/11/2016.

Em "O Poder do Perdão"[17], Luskin explica o processo de formação de uma mágoa e demonstra como tal fato possui um efeito paralisante na vida das pessoas. Segundo o pesquisador, a criação da mágoa em si não é sinal de doença mental, nem de fraqueza, estupidez ou falta de autoestima. Muitas vezes, significa que a pessoa não consegue agir de outro modo.

Magoar-se é um aspecto normal. O que não é normal nem saudável é agarrar-se à mágoa. Isso conduz ao sofrimento. Ressentimentos, culpas e raiva atrapalham a vida em amplo aspecto e fazem com que tomemos decisões equivocadas. Também liberam no corpo substâncias químicas associadas ao estresse. A raiva tem sua utilidade quando bem direcionada: é preciso que ela seja aplicada na solução dos problemas. Ao contrário da tristeza, que nos paralisa, a raiva faz com que andemos para frente. Porém é necessário que se delimite um tempo para esse sentimento, pois é excelente solução de curto prazo, mas nos dificulta quando se demora muito em nossa vida, atando nossa atenção para o que não é mais presente.

Luskin (2002), em "O Poder do Perdão", propõe alguns passos para atingir esse objetivo.

OS NOVE PASSOS DO PERDÃO
(FRED LUSKIN)

Primeiro passo:
Saiba exatamente como você se sente sobre o que ocorreu e seja capaz de expressar o que há de errado na situação. Então, relate a sua experiência a umas duas pessoas de confiança.

Segundo passo:
Comprometa-se consigo mesmo a fazer o que for preciso para se sentir melhor. O ato de perdoar é para você e ninguém mais. Ninguém mais precisa saber sua decisão.

---

[17] LUSKYN, F. O Poder do Perdão. Ed. Novo Paradigma. 2002.

Terceiro passo:	
Entenda seu objetivo. Perdoar não significa necessariamente reconciliar-se com a pessoa que o perturbou, nem se tornar cúmplice dela. O que você procura é paz.	
Quarto passo:	
Tenha uma perspectiva correta dos acontecimentos. Reconheça que o seu aborrecimento vem dos sentimentos negativos e desconforto físico de que você sofre agora, e não daquilo que o ofendeu ou agrediu há dois minutos - ou há dez anos.	
Quinto passo:	
No momento em que você se sentir aflito, pratique técnicas de controle de estresse para atenuar os mecanismos de seu corpo.	
Sexto passo:	
Desista de esperar de outras pessoas ou de sua vida coisas que elas não escolheram dar a você. Reconheça as "regras não cobráveis" que você tem para sua saúde ou para o comportamento seu e dos outros. Lembre a si mesmo que você pode esperar saúde, amizade e prosperidade e se esforçar para consegui-los. Porém você sofrerá se exigir que essas coisas aconteçam quando você não tem o poder de fazê-las acontecer.	
Sétimo passo:	
Coloque sua energia em tentar alcançar seus objetivos positivos por um meio que não seja através de experiência que o feriu. Em vez de represar mentalmente sua mágoa, procure outros caminhos para seus fins.	
Oitavo passo:	
Lembre-se de que uma vida bem vivida é a sua melhor vingança. Em vez de se concentrar nas suas mágoas – o que daria poder sobre você à pessoa que o magoou – aprenda a busca o amor, a beleza e a bondade ao seu redor.	
Nono passo:	
Modifique a sua história de ressentimento de forma que ela o lembre da escolha heroica que é perdoar. Passe de vítima a herói na história que você contar.	

Tabela baseada no livro de Fred Luskin "O Poder do Perdão", 2002.

As pesquisas do dr. Luskin confirmam o que dissemos até agora. "O perdão pode reduzir o estrago causado pelos sentimentos negativos. Perdoando, conseguimos deixar o ressentimento de lado e diminuir o estresse sobre nosso corpo"[18]. Diante de resultados tão positivos, o professor começou a dar aulas para ensinar médicos, professores, empresários, líderes religiosos a perdoar. Formou também um grande número de terapeutas capazes de aplicar seu método.

ROBERT ENRIGHT
(UNIVERSIDADE DE MINESSOTA, EUA)

Robert Enright também acredita que o perdão, enquanto força de caráter, pode ser ensinado. Ele é outro importante pesquisador nessa área. Professor da Universidade de Minessota, inaugurou em 1994 o Instituto Internacional do Perdão. Sua intenção era aplicar as descobertas de suas pesquisas sobre afetividade e perdão na cura pessoal e no progresso da paz mundial. Enright[19] afirma que suas pesquisas mostraram que quem perdoa melhora significativamente sintomas de ansiedade e de depressão.

Enrigth postula que podemos ensinar também as crianças pequenas, de zero a seis anos de idade, a perdoar. Junto com os colegas Jeanette Knutson e Anthony Holter[20], desenvolveu um trabalho para treinar professores a ensinar essa atitude. Segundo ele, as crianças têm corações abertos e aquecidos para perdoar, por isso aprendem com facilidade a reduzir a raiva excessiva e o ressentimento. A intenção do pesquisador é torná-las especialistas no assunto para que, quando adultas, possam contribuir para melhorar o mundo em que vivemos. O projeto de Enright e de seus colaboradores inclui o trabalho com crianças feridas nas guerras e outros ambientes violentos, por meio de programas de educação no perdão, em escolas, casas e igrejas.

Em sua teoria sobre a terapêutica do perdão, também ressalta que

---

18 Luskin, Fred. Op. Cit. 2008, pág. 40.
19 ENRIGHT, R. D. Forgiveness is a choice. Washington, DC: APA - American Psychology Association. (2001)
20 Disponível em https://books.google.com.br/books?id=spTaRpQoHAAC&pg=PA291&lpg=PA291&dq=Jeanette+Knutson+e+Anthony+Holter&source=bl&ots=aCnW_rapOI&sig=yzell6ciLLeiZX9GHGxENrWrFTA&hl=pt-PT&sa=X&ved=0ahUKEwiO1K--TjY7TAhVGTJAKHep2CLEQ6AEIJzAC#v=onepage&q=Jeanette%20Knutson%20e%20Anthony%20Holter&f=false

o fator tempo é fundamental, visto que o percurso de entendimento da injúria ou ofensa pode ser bem doloroso. Na perspectiva de Robert Enrigth, perdoar os outros não acontece instantaneamente, como "acender um interruptor de luz para banir a escuridão[21]". É preciso gentileza e paciência consigo mesmo e, muitas vezes, com o outro. Em um de seus projetos de pesquisa com a dra. Suzenne Freedman, da Universidade de Northern Iowa, com vítimas de incesto, comprovou que essas pessoas levam aproximadamente um ano para liberar seus algozes da energia do ressentimento. No entanto, tais mulheres sofreram, agarradas à dor emocional, por 20 ou até 30 anos[22]. Com esse parâmetro, podemos considerar o tempo para o processo de perdão, concentrado em apenas um ano, bastante satisfatório. Freedman e Enrigth encontraram também muitos resultados positivos similares com diferentes populações: homens e mulheres viciados em drogas em um grupo de reabilitação, pacientes terminais de câncer, casais próximos ao divórcio, adolescentes encarcerados, pacientes cardíacos e outros.

Com Richard Fitzgibbons, Robert Enright[23] também propõe alguns passos necessários para que uma pessoa busque a cura através do perdão. Podemos resumi-los assim:

---

21 Disponível em http://cidadaosdoinfinito.webnode.com.br/products/o%20poder%20do%20perd%C3%A3o/ Acesso em 30/11/2016.
22 Disponível em http://cidadaosdoinfinito.webnode.com.br/products/o%20poder%20do%20perd%C3%A3o/ Acesso em 20/12/2016.
23 ENRIGHT, R. D.; FITZGIBBONS, R. Helping clients forgive: An empirical guide for resolving anger and restoring hope. Washington, DC: American Psychology Associatiation. (2000)

OITO PASSOS PARA O PERDÃO
(ROBERT ENRIGHT)

Primeiro passo
É fundamental que limpemos o conceito. Saber o que é ou não perdoar é o começo do processo.
Segundo passo
Decidir-se pelo perdão, visto que o ato em si não tem a ver com emoção, mas com o pensamento. "Vou perdoar fulano de tal simplesmente porque quero, vai ser bom tanto para mim quanto para ele."
Terceiro passo
É preciso cuidar do que nos feriu nos retirando do lugar da vítima, compreendendo a causa da dor. A pergunta é: "Por que isso me feriu tanto?"
Quarto passo
Desenvolver a empatia, ou seja, a capacidade de se colocar no lugar do outro, mesmo não concordando com ele. Por exemplo: "O que levou aquele menino a me assaltar na rua?" "Quais são as condições de sua existência que o levaram a cometer esse ato?"
Quinto passo
É preciso dar um sentido para a dor. Por exemplo: "Meu marido botou fogo na minha casa e foi embora." Para que serviu essa experiência? "Para eu provar que sou capaz de reconstruir tudo e talvez melhor."
Sexto passo
Outras forças de caráter ou qualidades humanas precisam entrar em ação também. Gentileza, bondade, amor, humildade podem ser exercitadas junto com o perdão.
Sétimo passo
Autoperdão. Essa atitude é muito importante. Usar a empatia quando o objeto da compreensão deve ser o próprio sujeito do perdão. Por exemplo: "Como pude bater em meu filho quando ele ainda era uma criança indefesa?" Compreender que, naquele momento, você não pôde fazer diferente. Se pudesse, teria feito melhor.
Oitavo passo
É necessário criar o hábito de perdoar. Voltando a Aristóteles, é preciso "cometer" justiças para nos tornarmos homens justos, assim como é preciso perdoar para sermos considerados perdoadores.

Tabela baseada no livro ENRIGHT, R. D.; FITZGIBBONS, R. Helping clients forgive: An empirical guide for resolving anger and restoring hope. Washington, DC: American Psychology Associatiation. (2000)

Apesar do modelo de processo de perdão de Enrigth ser absolutamente científico, visto que seu trabalho é totalmente pautado em pesquisas, seu aspecto religioso interfere no conceito. Desse modo, ele ressalta que perdoar, além de reduzir o ressentimento, deve incluir aumentar a benevolência e o amor para as pessoas que foram injustas ou cometeram algum mal. Ele também sugere que haja um engajamento no que Fitzgibbons[24], o coautor do trabalho, chama de "perdão cognitivo". Esses são pensamentos de perdão e declarações destinados ao fato considerado injusto. A pessoa, nesse ponto, não precisa de aproximação do ofensor, mas fazer esse perdão cognitivo consigo mesma. Parte do perdão cognitivo é pensar no malfeitor como um todo, sem definir ele ou ela por suas ações pecaminosas apenas e considerá-lo além de suas ações. Pensar em suas vulnerabilidades, aceitando a dor e tentando fazer o bem para o ofensor.

Para Enright e seus pesquisadores, duas perguntas são fundamentais para quem quer perdoar. A primeira é: "Você está disposto a tentar não fazer mal a esta pessoa?" Note que esta pergunta não pede que a pessoa ame o ofensor, mas que evite o negativo, pois é preciso evitar o mal até em suas formas sutis. E a segunda: "Você deseja o bem à pessoa?" Quando trocamos o foco para o positivo, ou seja, começamos a desejar que o outro fique bem, apesar do mal que nos fez, já abrimos a porta para o perdão.

Percebemos aqui que a ideia de perdão para esse grupo de pesquisadores exige algo além: fazer o bem para o ofensor. Essa não é uma unanimidade. Muitas vezes, ao neutralizar a raiva que causa a comoção corporal, já estamos fazendo o bem, tanto ao outro quanto a nós mesmos.

A Psicoterapia com o olhar da Psicologia Positiva à qual me proponho não exige esse movimento. Muitas vezes, nosso algoz, real ou imaginário, não precisa nem saber que o perdoamos. Esse é um movimento e uma decisão pessoal, individual e, na maioria das vezes, absolutamente particular. A partir da minha pesquisa bibliográfica e meus 25 anos de prática clínica, proponho, também, alguns passos para o perdão, os quais convido você, leitor, a exercitar.

---

[24] ENRIGHT, R. D.; FITZGIBBONS, R. Helping clients forgive: An empirical guide for resolving anger and restoring hope. Washington, DC: American Psychology Assotiation. (2000)

OITO PASSOS PARA PERDOAR

1) Delimite a sua dor. Escreva em um papel exatamente o que você considera imperdoável. Algo de que você se ressente e que traz consigo por anos a fio. Sei que não é simples. Muitas vezes a mágoa funciona como uma espécie de infecção generalizada, contaminando vários aspectos das nossas relações. Mas, faça um esforço e escreva agora o que você não consegue perdoar.

2) Avalie o quanto esse fato tem peso neste momento. Por exemplo, se você foi traído (a) por seu parceiro (a), pense se vale a pena ainda se atar a esse acontecimento. Pense se a sua relação estava tão boa assim. Também comece a refletir se é lucrativo, de algum modo, investir mais energia no fato, pleiteando vingança ou restituição. O que você ganhará com isso? Sugiro que você também escreva em um papel.

3) Entenda o conceito. Perdoar não significa reconciliar. Muitas vezes, temos uma espécie de "receio", pois rechaçamos nosso transgressor e não queremos mais conviver com ele. Tenha isso em mente. Você não precisará voltar a ter uma vida em comum com seu ofensor.

4) Coloque-se no lugar de quem o ofendeu. Muitas vezes não tiveram a chance de aprender a agir melhor. Por exemplo, se um menino de rua lhe assalta e leva todos os seus documentos e pertences, coloque-se no lugar dele. Procure entender as razões que o levaram a cometer tal ato. Não estou pedindo que você concorde com sua atitude, mas pense na falta de referências morais na infância infeliz dessa pessoa. Não é preciso ser simpático. Mas empático, olhando a partir da perspectiva do outro, como se fosse o outro.

5) Não tente esquecer. Perdoar não tem a ver com amnésia. Muitas vezes, em consultório, ouvimos dizer: "Acho que não perdoei, pois eu não esqueci o que ele(a) me fez". Muitas vezes, é importante lembrar o fato para que ele sirva de sinalizador de perigo. Lembre, mas perdoe!

6) Saia do lugar da vítima e se pergunte qual é a sua responsabilidade na transgressão que sofreu. Com exceção das atrocidades cometidas contra crianças, nós temos, muitas vezes, um quinhão de responsabilidade nas celeumas nas quais nos metemos. No caso de infidelidade conjugal, é comum haver sinais que, geralmente, evitamos perceber, mas que são indícios de que as coisas não estão indo muito bem.

7) **Se foi maltratado na infância por pai, mãe ou cuidadores, entenda que o perpetrador não tinha ideia do que fazia.** Provavelmente, não aprendeu a amar e também teve uma infância difícil. Sei que agora você pode estar pensando: "Nossa, isso é impossível". Não é! Compreenda o outro. Você nem precisa amá-lo, mas entenda suas razões.

8) **Por fim, transforme a sua emoção de raiva, rancor e mágoa em mola propulsora para a sua vida.** Olhe para frente e deixe o passado no lugar onde deve ficar. Não contamine o seu presente nem o seu futuro.

OUTRAS PESQUISAS

Issidoros Sarinopoulos comprovou que ao aprender a perdoar as pessoas ficam menos hostis e, por isso, diminuem o risco para doenças cardíacas[25].

Quem culpa o outro por seus problemas está mais sujeito a doenças cardiovasculares e câncer. Isso foi provado por Howard Tennen e Glenn Affleck em um estudo chamado "Culpando os outros por eventos ameaçadores"[26].

Lawler e outros estudiosos atestam que pessoas que guardam ressentimentos apresentam alterações na pressão sanguínea, tensão muscular e resposta do sistema imunológico.[27]

Pessoas zangadas, com pressão alta, quando aprendem a perdoar, observam diminuição na raiva e, consequentemente, na pressão sanguínea. Esse estudo foi realizado por D. Tibbts e publicado no Journal of Pastoral Care and Counselling[28].

Um estudo realizado por J. W. Carson[29] demonstrou que indivíduos que aprendem a perdoar sentem menos dores nas costas e diminuem os problemas psicológicos, tais como raiva e depressão, associados a elas.

---

25 SARINOPOULOS, Issidoros. "Interpersonal Forgiveness and Psysical Health", in The Word of Forgiveness, 2000, pág. 16-18.
26 TENNEN, H.; AFFLECK, G. "Blaming Others for Threatening Events", in Psychological Bulletin, n. 108, 1990, pág. 209-32.
27 K.A., Lawler et al., "A Change of Heart: Cardiovascular Correlates of Forgiveness in Response to Interpersonal Conflict", in Journal of Behavioral Medicine, 2003, pág. 373-93.
28 D. Tibbits et al., "Hipertension Reduction Through Forgiveness Training", in Journal of Pastoral Care and Counselling, 2006, pág. 27-34.
29 J.W. Carson et al., "Forgiveness and Chronic Low Back Pain: A Preliminary Study Examining the Relationship of Forgiveness to Pain, Angerand Psychological Distress", in Journal of Pain, 2005, pág. 84-91.

Indivíduos capazes de perdoar a si mesmos e aos outros demonstram maior satisfação com a vida, o que favorece a reabilitação de danos sofridos na coluna. Foi o que apresentou em sua conferência em Atlanta em 2004 o pesquisador John Webb[30].

E finalmente, Harris, em estudo publicado no Journal of Clinical Psychology[31], provou que as pessoas que aprendem a perdoar apresentam menos queixas e menos sintomas físicos causados pelo estresse.

Esses são apenas alguns estudos que comprovam o poder terapêutico do perdão. Sem dúvida, outros têm sido realizados e trazidos o cunho científico para dar contorno a uma decisão tão nobre.

Ao longo deste capítulo, mostramos a eficácia do ato de perdoar nas curas do corpo e da alma. Para isso, utilizamos diversas pesquisas com renomados estudiosos do comportamento humano. Charlotte Van Oyen Witvliet, Fred Luskin, Robert Enright e outros teóricos demonstraram que o perdão tem o poder de curar as dores do corpo e da alma. Libera a energia estancada na dor do passado e nos lança para o momento presente iluminando as possibilidades. Ele fecha as chagas da dor, tornando as feridas meras cicatrizes. Com o auxílio da abordagem do perdão com base na Psicologia Positiva, podemos preencher de ouro essas rachaduras da alma, como chineses ao consertar peças raras de louça quebradas. No capítulo seguinte falarei do surgimento da Psicologia Positiva e demonstrei qual é a posição que o perdão ocupa em sua teoria.

---

30 WEBBB, J. "Forgiveness and Health Promotion Among People with Spinal Cord Injury". Artigo apresentado na Templeton Forgiveness Research Conference, Atlanta, 2004.
31 A.H. Herris et al. "Effects of a Group Forgiveness Intervention on Forgiveness, Perceived Stress, and Trait Anger: A Randomized Trial" in Jounal of Clinical Psychology, 2006, pág. 715-33.

PSICOLOGIA POSITIVA, UM NOVO OLHAR

Este capítulo abordará a concepção de perdão para a Psicologia Positiva, situando-a no cenário científico atual e descreverá o impacto da aplicação desse conceito na Psicoterapia e na cura da depressão. Focará também no perdão como força de caráter que aumenta as condições para uma vida feliz e com maior bem-estar subjetivo.

PSICOLOGIA POSITIVA: O QUE A DEFINE?

A Psicologia Positiva é uma Ciência nova que tem como objetivo principal focar e desenvolver as potencialidades do indivíduo. Apesar de surgir no campo da Psicologia, ela o transpassa e suas descobertas podem ser aplicadas nos mais diversos contextos.[1] Para Snyder e Lopez[2], a Ciência e prática propostas em seu arcabouço teórico têm o objetivo de identificar e compreender as qualidades e virtudes humanas e auxiliar as pessoas na criação de vidas mais felizes e mais produtivas.

---

1 Corrêa, A. P., Conhecendo a Psicologia Positiva. In. . In. Psicologia Positiva: Teoria e Prática: conheça e aplique a ciência da felicidade e das qualidades humanas na vida, no trabalho e nas organizações. São Paulo: Leader, 2016, p. 33.
2 Snyder e Lopez. Op. Cit. p. 19.

Shawn Achor[3], pesquisador e especialista em potencial humano, argumenta que a Psicologia Positiva não pretende ser apenas uma Ciência, mas ela precisa ser colocada em prática. Não basta produzir saber, é preciso experienciá-los. Sem ação não faz o menor sentido produzir esses saberes. Considerado pai da Psicologia Positiva, Martin Seligman afirma que o objetivo dessa nova Ciência é avaliar e produzir florescimento das pessoas no planeta[4].

Andréa Perez Corrêa[5] a define como "um segmento da Psicologia que foca absolutamente no estudo científico e na comprovação empírica de ações que possibilitem identificar, medir e melhorar as qualidades dos seres humanos, incluindo-se aí as virtudes, as forças de caráter, os talentos, a resiliência, autoeficácia, o otimismo, entre tantas outras, de forma a permitir que suas vidas sejam mais felizes, plenas e significativas."

Na minha perspectiva, a Psicologia Positiva é restauradora, ela propõe que, apesar de reconhecer o sofrimento humano, não paremos por aí. Como psicoterapeutas, podemos tirar o indivíduo do abismo da dor que o prende e levá-lo ao campo das potencialidades esquecidas, embaçadas por questões remotas que o ancora nos fatos negativos. Com as técnicas propostas por essa Ciência, somos instrumentalizados para ajudar no florescimento do sujeito sofredor.

Durante décadas, a Psicologia tradicional focou no que não era bom, no lado negativo, no que faltava ao sujeito. Sempre disposta a descrever, diagnosticar e tratar. Mas não curar. Até o final do século XX, psicólogos e psiquiatras tinham como tarefa minimizar as emoções negativas, usando remédios ou intervenções terapêuticas que tornassem as pessoas menos ansiosas, raivosas ou deprimidas[6]. O paciente, quase sempre no lugar de vítima das circunstâncias, se sentia justificado pelos seus traumas para seguir incompetente, triste e disfuncional. Muita escuta, muito sofrimento, mas nada de cura, esse objetivo já tinha saído do foco. Segundo Martin

---

3 ACHOR, S. O Jeito Harvard de Ser Feliz. São Paulo: Saraiva. 2012. P.7
4 Seligman. Op. Cit. p. 42.
5 CORRÊA, A.P. Introdução à Psicologia Positiva. In. Psicologia Positiva: Teoria e Prática: conheça e aplique a ciência da felicidade e das qualidades humanas na vida, no trabalho e nas organizações. São Paulo: Leader, 2016, p. 40.
6 Seligman, Op. cit. p. 65.

Seligman[7], o rigor dos serviços de saúde e a indústria farmacêutica seduziram os psicólogos e psiquiatras a trabalhar apenas pelo alívio dos sintomas, não pela cura. Arrastamos essa corrente por longo tempo. Atrelados ao trauma, paciente e terapeuta seguiam olhando para o abismo da dor. Pouco se dava atenção ao que, no sujeito sofredor, era positivo. O coitado ficava ali com sua atenção toda agarrada no que lhe fazia sofrer. Não sobrava nada para o que nele poderia ser considerado positivo. Sofredor e terapeuta focados num único ponto: a causa dos traumas e sintomas.

A Psicologia Positiva traz uma nova proposta, bem diferente da Psicologia tradicional. Ela é uma Psicologia do Enfrentamento que pretende curar, ensinando os pacientes a lidar com seus monstros. Descola o paciente do sofrimento e faz com que ele reconheça e empregue o que há de bom, de positivo e, assim, desenvolva suas potencialidades. E, quando você faz com que o outro potencialize o que há de bom, os pontos fracos e as mazelas tornam-se secundárias e administráveis. Por isso, é eficaz e funcional e se aplica não só na clínica. Ela é absolutamente contundente na empresa, na escola, no esporte, enfim, onde há ser humano.

COMO SURGIU A PSICOLOGIA POSITIVA?

Martin Seligman, em 1997 foi eleito presidente da Associação Americana de Psicologia (APA), o que lhe deu certo poder e notoriedade para sua gestão em 1998. Com a notoriedade adquirida com esse fato, recebeu um convite de uma entidade filantrópica, depois conhecida, a "Atlantic Philanthropies"[8], que lhe ofereceu 120.000 dólares para escolher um tema de interesse e proceder a uma pesquisa. Seligman, então, decidiu pesquisar sobre o genocídio no século XX, *Etnopolítica*, publicado em 2001 e lançado apenas em 2002[9]. A Fundação considerou excelente o trabalho e seis meses depois ofereceu 1,5 milhão de dólares para financiar pesquisas em relação ao comportamento humano. Assim, a Psicologia Positiva começou a se delinear, a tomar forma[10].

---

7 Seligman, Op. cit. p. 58.
8 Esta fundação se formou por uma doação de uma única pessoa generosa, chamada Charles Feeney, que tinha feito fortuna em lojas de freeshop e a doou inteiramente – 5 milhões de dólares – a curadores, para fazerem boas ações.
9 CHIROT, D.; SELIGMAN, M. E. P., Eds. Ethnopolitical Warfare: Causes, Consequences, and Possible Solutions. Washington, DC: American Psycological Association, 2001.
10 SELIGMAN, M. Florescer: Uma Nova Compreensão Sobre a Natureza da Felicidade e do Bem Estar. Rio de Janeiro: Objetiva, 2011.

Apesar de já ter trabalhado em projetos que estudavam a correlação entre otimismo e o sistema imunológico em idosos (psiconeuroimunologia), nada de muito contundente e objetivo havia sido feito por ele em relação às potencialidades humanas. Também estava banhado por uma espécie de inconsciente coletivo que conduzia os profissionais da saúde mental que o fazia seguir as ideias de Sigmund Freud e Arthur Schopenhauer: "O melhor que o ser humano pode alcançar é a minimização do sofrimento"[11].

O primeiro movimento de Martin Seligman na construção da Psicologia Positiva foi resgatar o que era objetivo da Psicologia, quando se separou da Filosofia e Fisiologia em 1879: estudar o potencial humano.

Até a Segunda Guerra Mundial, as correntes em Psicologia possuíam três missões:

1) Curar as doenças mentais;
2) Tornar a vida das pessoas mais produtiva e feliz;
3) Identificar e trabalhar talentos.

Depois dessa grande tragédia da Humanidade, os dois últimos objetivos foram negligenciados[12] e toda a Psicologia, estarrecida, começou a voltar o seu olhar para os aspectos negativos do indivíduo. Corrêa[13] compara a distração da Psicologia Positiva com dois pratos de uma balança: as patologias, durante muito tempo, pesaram mais que os aspectos saudáveis do indivíduo.

O pioneiro a utilizar o termo Psicologia Positiva foi Abraham Maslow (1908-1970), psicólogo humanista que fez um estudo inaugural sobre pessoas autorrealizadoras psicologicamente saudáveis. Segundo ele, cada um traz em si uma tendência inata para se autorrealizar. Esse seria o nível mais alto da existência humana e envolveria o desenvolvimento e uso supremo de todas as qualidades e capacidades. Seria a realização de todo nosso potencial. No entanto, para atingir esse nível de capacidade, seria preciso que as necessidades básicas fossem, todas, atendidas[14].

---

11 SELIGMAN, Op. Cit. p. 65
12 CSIKSZENTMIHALY, M.; SELIGMAN, M. E. P. Positive Psychology – An Introduction. In: American Psychologist – Special Issue on Happiness, Excellence, and Optimal Human Functioning. Washington, DC: American Psychological Association, p. 5-14, 2000.
13 Corrêa, A. P. Psicologia Positiva: Avanços de uma Nova Abordagem. In Psicologia Positiva: Teoria e Prática: conheça e aplique a ciência da felicidade e das qualidades humanas na vida, no trabalho e nas organizações. São Paulo: Leader, 2016. P. 79.
14 SCHULTZ, D.P.; SHULTZ, S. E. História da Psicologia Moderna. São Paulo: Ed. Cultrix, 1981.

As primeiras necessidades a serem atendidas para que seja possível a autorrealização, segundo a teoria de Maslow, seriam as fisiológicas (comida, água, ar, sono e sexo); depois as necessidades de garantia (segurança, estabilidade, ordem, proteção e libertação do medo e da ansiedade); em seguida, as necessidades de pertinência e amor; depois as necessidades de estima dos outros e de si mesmo; e, por último, as necessidades de autorrealização. Outras exigências também seriam importantes para que se atingisse a autorrealização: as pessoas deveriam ser "psicologicamente saudáveis", com uma percepção objetiva da realidade, plena aceitação da sua natureza, com compromisso e dedicação a algum tipo de trabalho, ser simples e natural em seu comportamento, com necessidade de autonomia, privacidade e independência, ter experiências místicas ou culminantes, empatia com toda a humanidade e afeição por ela, resistência ao conformismo, estrutura de caráter democrática, atitude de criatividade e um alto grau de interesse social. O próprio autor concluiu que tais pessoas não chegavam a 1% da população e sua teoria foi criticada e a maioria das pesquisas realizadas por ele não conseguiu sustentá-la[15]. E, apesar de alguma popularidade entre os líderes de negócios, por causa do baixo grau de validade científica e a aplicabilidade limitada apenas ao mundo do trabalho essa teoria proposta por Maslow não vingou.

A diferença da Psicologia Positiva delineada por Seligman e a teoria do psicólogo humanista é que essa última exigia um sujeito quase sem defeitos, pronto para ser potencializado. Ainda mais, sua mostra científica era muito pequena: continha apenas cerca de 20 pessoas, por isso a cientificidade do seu arcabouço teórico ficou fragilizada. A Psicologia Positiva não espera um sujeito sem defeitos para atuar. Ela considera as deficiências e, apesar disso, propõe um novo olhar. Quanto a sua cientificidade, não há o que duvidar, pois Martin Seligman trabalhou incansavelmente para conseguir programas de financiamento para suas pesquisas. E, atualmente, diversos cientistas se debruçam sobre essa nova Ciência.

Outro humanista importante, Carl Rogers[16] (1902-1987) também desenvolveu uma teoria da personalidade que, semelhante a Maslow, res-

---

[15] SCHULTZ, D.P.; SHULTZ, S. E. História da Psicologia Moderna. São Paulo: Cultrix, 1981, p. 395-397.
[16] SCHULTZ, D.P.; SHULTZ, S. E. História da Psicologia Moderna. São Paulo: Cultrix, 1981. P. 398.

salta que cada pessoa possui uma tendência inata para atualizar as capacidades e os potenciais do eu. No entanto, Rogers não concentrava seus estudos em pessoas saudáveis, mas em indivíduos emocionalmente perturbados. Sua "Terapia Centrada na Pessoa" atribui a responsabilidade da mudança ao próprio indivíduo. É preciso agir e alterar consciente e racionalmente seus pensamentos e comportamentos indesejáveis, tornando-os desejáveis. Desse modo, a personalidade é moldada pelo presente e pela maneira que o percebemos. Apesar de inato, esse impulso para autorrealização, cujo ápice é o mais alto nível de saúde psicológica, na teoria rogeriana pode ser ajudado ou prejudicado por experiências infantis e pela aprendizagem.

Rogers e sua abordagem de Terapia Centrada na Pessoa influenciou o movimento do potencial humano e sua obra é considerada como uma importante contribuição da tendência à humanização da Psicologia. Ele também foi presidente da APA em 1946 e recebeu os prêmios *"Distinguished Scientific Contribution Award"* e *"Distinguished Professional Contribution Award"*. A teoria proposta por ele se assemelha à da Psicologia Positiva visto que inclui o sujeito na decisão da mudança. É preciso decidir pelos seus atos e promover ações para uma vida com mais sentido, significado, emoções positivas para atingir um alto nível de saúde psicológica e de bem-estar subjetivo.

A Filosofia de Aristóteles também influenciou contundentemente a concepção da nova Psicologia Positiva. Martin Seligman encontrou em Aristóteles, que achava que toda ação humana visava encontrar a felicidade[17], o pensador mais próximo às suas ideias originais. No entanto, essa visão monista não foi suficiente, pois as ações humanas não podem se resumir a apenas uma motivação. Seligman foi um pouco além do pensamento aristotélico. Ele afirma que os conceitos do filósofo sobre felicidade foram exagerados e se tornaram sem sentido[18]. Para a Ciência, então, se tornou um termo quase impraticável. Por isso, o autor percebeu que o primeiro passo na Psicologia Positiva era dissolver o monismo da felicidade. E, para fazer isso, ele diz que é preciso muito mais que um mero exercício de semântica. Compreender a felicidade, para ele, requer uma teoria.

---

17 ARISTÓTELES. Tópicos. Dos argumentos sofísticos. Metafísica: livro I e livro II. Ética a Nicômaco. Poética. São Paulo: Abril Cultural, 1973. (Os pensadores, 4)
18 SELIGMAN, 2012. Op. cit.

DA FELICIDADE AUTÊNTICA À TEORIA DO BEM-ESTAR

Seligman diz que detesta a palavra felicidade, pois é usada com tanto exagero que ficou banalizada[19]. Considera-a um termo impraticável para a Ciência ou para qualquer objetivo prático, como educação, Psicoterapia, política pública ou a simples mudança na vida pessoal. Ressalta que, quando escreveu em 2002 o livro "Felicidade Autêntica", já gostaria de tê-lo chamado de "Psicologia Positiva", mas a editora achou conveniente incluir a palavra felicidade, pois venderia mais livros. Não gostou nem da palavra "felicidade" nem do termo "autêntica". Para ele, a autenticidade está atrelada ao individualismo, ideia que se distancia do seu objetivo científico[20].

Seligman ressalta que o principal problema do título "Felicidade Autêntica" é que remete a humor leve, alegria, bom ânimo, sorrisos, e não é disso, necessariamente, de que irá tratar. A felicidade não está atrelada a tais hedonismos. É bom ressaltar, a título de curiosidade, que ele detesta o ícone do *Smile* quando se fala de Psicologia Positiva[21].

Ao trabalhar originalmente com o conceito de felicidade autêntica, Seligman percebeu que a Psicologia Positiva tem a ver com aquilo que escolhemos por nós mesmos, desse modo, como diria Carls Rogers, é centrada na pessoa. E dá um exemplo pessoal: "Decidi receber uma massagem nas costas, no aeroporto de Minneapolis, recentemente, porque me fazia sentir bem. Escolhi a massagem por ela própria e não porque dava sentido à minha vida nem por qualquer outra razão. É comum escolhermos o que nos faz sentir bem, mas é muito importante que percebamos que nossas escolhas não têm a ver com o modo como nos sentimos. Optei por ouvir o torturante recital de piano do meu filho de seis anos, na noite passada, não porque ele me fazia sentir bem, mas porque é meu dever de pai e parte do que dá sentido à minha vida"[22]. Isso é o que podemos chamar de felicidade autêntica, felicidade por si mesma.

Dentro desse arcabouço teórico, a felicidade é analisada segundo três elementos que podem ser definidos e mensurados, muito mais que a felicidade em si. São eles:

---

[19] SELIGMAN, 2012. Op. cit. p. 20.
[20] SELIGMAN, M. 2012. Op. cit.
[21] Ibdem, p. 21.
[22] Ibdem, p. 21.

ELEMENTOS DA TEORIA FELICIDADE AUTÊNTICA

EMOÇÃO POSITIVA - se refere ao sentimento: prazer, entusiasmo, êxtase, calor, conforto e sensações afins. Uma vida pautada nesse elemento pode ser chamada de "vida agradável".
ENGAJAMENTO - se refere ao momento em que a atenção fica absolutamente concentrada consumindo todos os recursos cognitivos e emocionais que formam nossos pensamentos e sentimentos. Tudo está ligado a uma posição de entrega: entregar-se completamente, sem se dar conta do tempo, perder a consciência de si mesmo durante uma atividade envolvente. O engajamento, além de diferente, não necessariamente promove emoção positiva. É comum que o sujeito não sinta "nada" quando está engajado. Nem prazer, nem dor. Seligman se refere a uma vida vivida com esses objetivos como uma "vida engajada".
SENTIDO - é o terceiro elemento da felicidade. Para Seligman, os seres humanos querem ter sentido e propósito na vida. A vida com sentido consiste em pertencer a um grupo e servir a algo que se acredite ser maior do que o eu. A Humanidade cria todas as instituições positivas que permitem isto: a religião, o partido político, a família, o movimento ecológico ou grupo de escoteiros. Essa é a chamada "vida com sentido".

Podemos notar que Seligman construiu sua Teoria da Felicidade Autêntica com foco na felicidade e considerou-a o tema da Psicologia Positiva. O principal critério para a mensuração da felicidade era a satisfação com a vida e o objetivo maior era aumentar essa satisfação. Ao rever os princípios da teoria desenvolvida, percebeu que a felicidade estava sendo definida como nível de satisfação com a vida, numa espécie de "alegrologia". Detectou que alguns fatores tornavam deficiente o arcabouço teórico. Seriam eles:

DEFICIÊNCIAS NO ARCABOUÇO DA TEORIA DA FELICIDADE AUTÊNTICA

CONOTAÇÃO POPULAR DE FELICIDADE - a primeira deficiência refere-se à extensão de significado da palavra felicidade. Por ser um termo abrangente, o autor encontrou dificuldades em trabalhá-lo. Reconheceu os defeitos de argumentação apontados pelos críticos, visto que a teoria da felicidade autêntica torna-se inconsistente quando traz o engajamento e o sentido para complementar a emoção positiva.

ÊNFASE NA SATISFAÇÃO COM A VIDA - a segunda deficiência está no fato de a satisfação com a vida ocupar um lugar privilegiado demais na definição do nível de felicidade. As pesquisas eram feitas baseadas no estado de ânimo do pesquisado. Media-se a quantidade de excitação do indivíduo pelo relato de quanto ele estaria se sentindo bem no momento em que estava sendo questionado. Por isso a satisfação com a vida se referia basicamente ao humor do sujeito entrevistado na hora da entrevista. Assim, esse critério de mensuração não seria fidedigno para detectar o nível de felicidade.

INTERDEPENDÊNCIA DOS ELEMENTOS - a terceira deficiência é que a emoção positiva, o engajamento e o sentido seriam interdependentes. O autor percebeu que não havia conseguido dar autonomia suficiente para os elementos que, por não se bastarem, eram inconsistentes para formar uma teoria.

Depois dessa reformulação teórica, Seligman postula que o tema da Psicologia Positiva é o bem-estar e não mais a felicidade, e o principal critério para a mensuração do bem-estar é o florescimento. O objetivo da Psicologia Positiva, portanto, passa a ser aumentar o florescimento. Essa é a nova teoria do bem-estar da Psicologia Positiva.

A Teoria da Felicidade Autêntica foi uma tentativa de explicar uma coisa real – a felicidade – definida pela satisfação com a vida e medida pelo que as pessoas classificavam numa escala numérica. O bem-estar, então, complementa a Teoria da Felicidade Autêntica e confirma-se como um constructo. Portanto, há uma mudança conceitual básica: não é mais a satisfação com a vida o tema focal da Psicologia Positiva, mas sim o constructo do bem-estar, com todos os elementos que o compõem.

A Teoria do Bem-Estar está alicerçada em cinco elementos mensuráveis, cada um contribuindo para formá-la, mas nenhum deles definindo-a, a saber: emoção positiva, engajamento, relacionamentos, sentido e realização. Seligman utiliza-se da sigla PERMA, formada pelas iniciais dos nomes dos cinco elementos.

ELEMENTOS DA TEORIA DO BEM-ESTAR[23]

P	Positive Emotion (Emoções Positivas)
E	Engagement (Engajamento)
R	Relationships (Relacionamentos)
M	Meaning (Significado)
A	Accomplishiment (Realização)

Fonte: SELIGMAN, 2011

Percebe-se, portanto, que relacionamento e realização seriam os dois elementos acrescentados para dar sustentação à nova construção.

DOIS ELEMENTOS ACRESCENTADOS À TEORIA DO BEM-ESTAR

REALIZAÇÃO - Este quarto elemento acrescentado diz respeito à busca do sucesso, da vitória, das conquistas por eles mesmos. Essa realização não está atrelada às emoções positivas, sentido ou qualquer outro elemento. Por si só se basta.

RELACIONAMENTO - Este quinto elemento acrescentado à Teoria do Bem-Estar está assentado no fato de que somos seres sociais. Por isso, cultivar relações positivas funciona como um "antídoto para os momentos ruins da vida"[24] e potencializa os bons instantes da existência.

Em síntese, podemos resumir assim as bases dessa nova Teoria do Bem-Estar.

---
23 Adaptado do livro Florescer – Uma nova Compreensão sobre a Natureza da Felicidade e do Bem-Estar. De Martin Seligman, de 2011.
24 SELIGMAN, 2011. Op. Cit. p. 31.

TEMA	BEM-ESTAR
ELEMENTOS	Emoção Positiva
	Engajamento
	Sentido
	Relacionamentos Positivos
	Realização
OBJETIVO	Aumentar o florescimento pelo aumento da emoção positiva, do sentido, dos relacionamentos positivos e da realização.
PADRÃO DE MENSURAÇÃO	Emoção Positiva
	Engajamento
	Sentido
	Realização
	Relacionamentos Positivos

Fonte: SELIGMAN, 2011

A Psicologia Positiva é considerada, hoje, um corte paradigmático[25] para se entender o comportamento humano. Atualmente, temos tecnologia e desenvolvimento científicos que nos permitem mensurar e mapear dados comportamentais. Recorrendo à coleta de dados mapeados e mensurados, o tratamento clínico se torna mais consistente e o terapeuta sente-se mais seguro para não apenas curar doenças mentais, mas também para criar estratégias que permitam ao indivíduo aumentar seu bem-estar subjetivo e ser mais feliz. O resultado é um indivíduo que produz mais, adoece menos e, como uma rede, propaga felicidade.

É preciso afirmar que a Psicologia Positiva objetiva alcançar o florescimento do indivíduo. A clínica psicoterapêutica, com esse olhar, inclui, no meu entendimento, a "terapia do perdão". Isso porque diversas pesquisas comprovam que perdoar promove emoções positivas, liberando o indivíduo para encontrar relacionamentos mais eficientes. Além disso, o ato de não perdoar amarra o indivíduo a sua dor, o que lhe dificulta encontrar sentido e promover o bem-estar subjetivo.

---

[25] PORTELLA, M. (org.). Teoria da Potencialização da Qualidade de Vida: Proposta e Técnicas da Psicologia Positiva. Rio de Janeiro: Ed. CEPAF-RJ, 2013.

O QUE É BEM-ESTAR SUBJETIVO?

Falar de felicidade hoje é falar, no campo científico, de bem-estar subjetivo. Termo usado de forma intercambiável quando nos referimos à temática do perdão dentro da concepção teórica da Psicologia Positiva.

Pesquisar o bem-estar subjetivo tem sido alvo de muitos estudos nas áreas que se ocupam da saúde mental. Desde 1960, diversos teóricos têm se dedicado ao tema. Foi Ed Diener o primeiro a lançar luz sobre o assunto: felicidade, satisfação, estado de espírito e emoções positivas são recorrentes e fazem parte desse constructo que foca no "como" e no "porquê" as pessoas experienciam suas vidas positivamente[26]. Diener[27] define bem-estar subjetivo como a forma que as pessoas avaliam as suas vidas. Essa é uma avaliação que não se dá no externo, mas se refere a uma percepção subjetiva da qualidade de vida do sujeito. É nessa medida que o bem-estar é considerado subjetivo. Não é o outro quem avalia, mas o sujeito, na perspectiva da sua existência.

Por depender de uma avaliação subjetiva, definir bem-estar não é fácil, pois essa percepção é influenciada por muitas variáveis: idade, gênero, nível sócio-econômico e cultura. Mas, de uma forma geral, os teóricos da saúde mental que focam no assunto o definem como elevado sentimento de bem-estar, satisfação com a vida e maior presença de afeto positivo que negativo. Snyder e Lopez[28] ressaltam que a expressão bem-estar subjetivo é usada, quase sem exceção, como sinônimo de felicidade na literatura de Psicologia e na imprensa popular.

Segundo Diener[29], existem dois aspectos de construção do bem-estar subjetivo. Cada um deles se compõe de quatro componentes:

---

26 GIACOMINI, C. Bem-estar subjetivo: em busca da qualidade de vida. Disponível em http://pepsic.bvsalud.org/scielo.php?script=sci_arttext&pid=S1413-389X2004000100005 Acesso em 21/04/2017.
27 DIENER, E. (1996). Subjective well-being in cross-cultural perspective. In: G. Hector (Ed.), Key issues in cross-cultural psychology: selected papers from the Twelfth International Congress of the International Association for Cross-Cultural Psychology. San Diego: Academic Press.
28 SNYDER, C. R.; LOPEZ, S. J. Psicologia positiva: uma abordagem científica e prática das qualidades humanas. Porto Alegre: Artmed, 2009, p. 124.
29 DIENER, E. (1984). Subjective Well-Being. Psychological Bulletin, 95, 542-575.

MODELO ESTRUTURAL DO BEM-ESTAR SUBJETIVO
COM QUATRO COMPONENTES

Aspecto Afetivo	Afetos positivos
	Afetos negativos
Aspecto Cognitivo	Satisfação com a vida
	Satisfação com algum domínio da vida

Fonte: SIQUEIRA (http://www.scielo.br/pdf/ptp/v24n2/09)

Esse modelo estrutural nos indica que o bem-estar subjetivo depende de avaliações cognitivas, que dizem respeito à satisfação com a vida de uma maneira global e com determinados domínios específicos, como por exemplo o casamento e o trabalho. O aspecto afetivo se refere a uma análise pessoal sobre a frequência com que experimentamos emoções positivas e emoções negativas. Para manter um bom nível de bem-estar subjetivo, o indivíduo precisa reconhecer sua satisfação com a vida, ter alta frequência de experiências emocionais positivas e baixas frequências de experiências emocionais negativas[30]. Notem bem que afetos positivos e afetos negativos coexistem independentemente um do outro.

Andréa Perez Corrêa[31] considera que a maioria dos autores do campo da Psicologia Positiva utiliza o conceito de bem-estar subjetivo para "fugir" do que poderia ser considerado um estudo da *happiology*, ou seja, da felicidade como um conceito banalizado, sem estrutura científica. É nesta medida que o bem-estar subjetivo faz parte do cenário da Psicologia Positiva e muitas vezes ocupa lugar intercambiável com o termo felicidade. E perdoar está contido nessa temática, posto que aumenta o nível de bem-estar subjetivo ao livrar o sujeito de emoções negativas que caracterizam a mágoa e o libera para aumentar o nível de emoções positivas alterando o que Diener denomina "balança hedônica".

---

30 SIQUEIRA, M. M. M.; PADOVAM, V.A.R. Bases Teóricas de Bem-Estar Subjetivo, Bem-Estar Psicológico e Bem-Estar no Trabalho. Disponível em http://www.scielo.br/pdf/ptp/v24n2/09 Acesso em 05/05/2017.
31 CORRÊA, A. P. Felicidade, Bem-Estar Subjetivo e Emoções Positivas. In. Psicologia Positiva: Teoria e Prática: conheça e aplique a ciência da felicidade e das qualidades humanas na vida, no trabalho e nas organizações. São Paulo: Leader, 2016.

Neste capítulo, abordei o conceito de bem-estar subjetivo, falei sobre o nascimento dessa nova proposta de olhar para o ser humano, e relatei a transição da Teoria da Felicidade Autêntica para a Teoria do Bem-Estar. A seguir, falaremos sobre o conceito de perdão dentro desse arcabouço teórico.

O PERDÃO PARA A PSICOLOGIA POSITIVA

Neste capítulo, interessa-me contornar de que forma o conceito de perdão é inserido na teoria da Psicologia Positiva e como pode ser considerada uma força de caráter a ser desenvolvida. Até agora, tracei seu histórico conceitual, falei sobre o nascimento dessa nova Ciência e neste momento farei uma descrição do que pode significar o perdão como instrumento no cerne dessa abordagem.

Sabemos que o que a Psicologia Positiva propõe é um novo olhar. Observar o que há de certo nas pessoas. Desse modo, pesquisar sobre as qualidades humanas, que incluem talentos e forças de caráter, é fundamental para o entendimento e aplicabilidade dos resultados de seus estudos.

Segundo Snyder e Lopez[1], a classificação das forças de caráter proposta por Peterson e Seligman pode ser considerada como uma antítese do DSM (*Diagnostic and Statistical Manual of Mental Disorders*), o manual diagnóstico para profissionais da saúde mental, produzido pela *American Psychiatric Association*, que classifica e descreve os chamados transtornos mentais. "*Ela é promissora para estimular e entender as qualidades psico-*

---

[1] SNYDER, C. R.; LOPEZ, S. J. Psicologia positiva: uma abordagem científica e prática das qualidades humanas. Porto Alegre: Artmed, 2009. P. 65.

lógicas" dos seres humanos. Esta "psicologia das qualidades humanas" enche os profissionais da saúde mental - que antes estavam desesperançados e tinham desistido da cura - de otimismo para olhar seus pacientes como fonte viva de forças positivas. O perdão é uma delas. Mas, afinal, o que é uma força de caráter, e por que o perdão pode ser considerado como tal?

O QUE DEFINE UMA FORÇA DE CARÁTER

Martin Seligman, Christopher Peterson e sua equipe de 53 cientistas beberam na fonte aristotélica para tecer sua teoria sobre virtudes e forças de caráter. Além da Filosofia, realizaram um estudo extenso também nas religiões para chegarem às conclusões sobre o que de fato definiriam sua teoria das forças.

Aristóteles define virtude *(aretê)* como o grau de excelência no exercício de uma capacidade que um ser possui como própria[2]. Essa capacidade pode ser desenvolvida ou não. Se a virtude for intelectual (dianoética), está relacionada com o ato de aprender. Necessita, por isso, de experiência e tempo. Se a virtude for ética (éthos) será produto do hábito, do costume. O que Aristóteles define "por natureza" diz respeito ao fato de sermos capazes como humanos de adquirir tais virtudes. E essa capacidade é aperfeiçoada pelo hábito. A virtude não é assim, nem natural tampouco "inatural" ao homem. Ela é uma capacidade que pode ser adquirida e aperfeiçoada pela prática, pelo hábito, pela ação. Para Aristóteles, o homem só se torna, por exemplo, justo praticando atos de justiça. Só nos tornamos bom perdoadores praticando atos de perdão. Em suas palavras:

"As coisas que temos de aprender antes de fazer - aprendemo-las fazendo-as - por exemplo. Os homens se tornam construtores construindo, e se tornam citaristas tocando cítara; da mesma forma tornamo-nos justos praticando atos justos, moderados agindo moderadamente, e corajosos agindo corajosamente."[3]

---

[2] SILVEIRA, D. As Virtudes em Aristóteles. Disponível em http://revistas.fw.uri.br/index.php/revistadech/article/viewFile/203/373. Acesso em 20/12/2016.
[3] ARISTÓTELES. Ética a Nicômaco. Col. Os Pensadores. São Paulo: Nova. Cultural, 1996, p. 137.

Para a Psicologia Positiva, força de caráter pode ser definida como uma disposição para pensar, sentir e agir. E, como a filosofia aristotélica preconiza, ela precisa ser praticada e além do mais ser reconhecida pelos nossos pares. Também como o pensador, a Psicologia Positiva assevera que a virtude é um bem natural, faz parte da natureza humana e como tal todos trazemos como potenciais a serem desenvolvidos.

O sistema de classificação criado por Peterson e Seligman envolveu diferentes culturas, contextos e tempos históricos e, por isso, tem credibilidade universal[4], sendo denominada *VIA Classification*[5]. Os autores consideram que as forças de caráter podem ser classificadas por seus aspectos emocionais, que dizem respeito aos sentimentos; cognitivos, que se referem aos pensamentos; relacionais, que englobam as relações pessoais; cívicos, que se exercem na comunidade; os que nos protegem sobre os excessos; e as que estabelecem significado com algo maior que nós mesmos. Esses aspectos agrupam-se em seis virtudes, a saber: sabedoria, coragem, humanidade, justiça, temperança e transcendência[6] e 24 forças de caráter.

Assim, o que diferencia uma virtude de uma força de caráter é que a primeira engloba características centrais, universais, valorizadas por filósofos e religiosos, que emergiram de estudos de documentos históricos analisados. A seguir a tabela de classificação das virtudes e forças de caráter consideradas por Peterson, Seligman e seus pesquisadores[7].

---

[4] OLIVEIRA et al. Bem-Estar Subjetivo: estudo de correlação com as Forças de Caráter. Disponível em http://pepsic.bvsa lud.org/scielo.php?script=sci_arttext&pid=S1677-04712016000200007> Acesso em 22/04/2017.
[5] PETERSON, C.; SELIGMAN, M. E. P. (2004). Character strengths and virtues: A handbook and classification. New York: Oxford University Press and Washington, DC: American Psychological Association. www.viacharacter.org
[6] PALUDO; KOLLER. Psicologia Positiva: uma nova abordagem para antigas questões. Disponível em <http://www.lume.ufrgs.br/handle/10183/98777> Acesso em 22/04/2017.
[7] PETERSON, C.; SELIGMAN, M. E. P. Character strengths and virtues: A handbook and classification. New York: Oxford University Press and Washington, DC: American Psychological Association, 2004.

TABELA DE CLASSIFICAÇÃO DAS VIRTUDES E FORÇAS DE CARÁTER[8]

VIRTUDE: SABEDORIA E CONHECIMENTO	
Esta é considerada uma virtude cognitiva, que se refere ao pensamento e inclui a aquisição e o uso do conhecimento.	
FORÇAS QUE A COMPÕEM	**Criatividade:** pensar em novas maneiras de conceituar e fazer as coisas.
	Curiosidade: interessar-se pela experiência por si só.
	Abertura: refletir sobre as coisas e examiná-las a partir de vários ângulos.
	Amor ao aprendizado: dominar novas habilidades, tópicos e corpos de conhecimento.
	Perspectiva: aconselhar, sabiamente, outras pessoas.

VIRTUDE: CORAGEM	
Esta é considerada uma qualidade emocional que envolve o exercício da vontade de atingir objetivos diante de oposição externa e interna.	
FORÇAS QUE A COMPÕEM	**Bravura:** não recuar diante de ameaças, dificuldades e sofrimento.
	Persistência: terminar o que começa, persistir apesar dos obstáculos.
	Integridade: ser verdadeiro e apresentar-se de forma genuína.
	Vitalidade: ter entusiasmo e energia diante da vida.

---

8 Fonte: Peterson, C., & Seligman, M. E. P. (2004). Character strengths and virtues: A handbook and classification. New York: Oxford University Press and Washington, DC: American Psychological Association. www.viacharacter.org

VIRTUDE: HUMANIDADE	
Esta virtude envolve qualidades interpessoais que incluem fazer amizades com outras pessoas.	
FORÇAS QUE A COMPÕEM	**Amor:** valorizar relacionamentos íntimos, ser próximo às pessoas.
	Gentileza: fazer favores e praticar boas ações.
	Inteligência social: estar ciente dos próprios sentimentos e dos sentimentos dos outros.

VIRTUDE: JUSTIÇA	
Envolve qualidades cívicas que estão por trás de uma vida saudável em comunidade.	
FORÇAS QUE A COMPÕEM	**Cidadania:** trabalhar bem em grupo, ser leal à comunidade.
	Imparcialidade: tratar todas as pessoas com imparcialidade e justiça.
	Liderança: estimular o grupo a realizar coisas.

VIRTUDE: TEMPERANÇA	
Inclui qualidades que protegem contra excessos.	
FORÇAS QUE A COMPÕEM	**Perdão e compaixão:** perdoar os erros e aceitar as falhas dos outros.
	Humildade/Modéstia: deixar que as realizações falem por si.
	Prudência: ser cuidadoso em relação às próprias escolhas e não correr riscos indevidos.
	Autorregulação: regular o que se sente e faz; ser disciplinado.

VIRTUDE: TRANSCENDÊNCIA	
Qualidades que ressaltam conexões com o Universo mais amplo.	
FORÇAS QUE A COMPÕEM	**Apreciação da beleza e da excelência:** observar e apreciar a beleza, a excelência e o desempenho habilidoso em vários domínios da vida.
	Gratidão: estar ciente e agradecido pelas coisas que acontecem.
	Esperança: esperar e trabalhar para o melhor no futuro.
	Humor: gostar de rir e fazer brincadeiras e levar o sorriso para outras pessoas.
	Espiritualidade: ter crenças coerentes em relação ao propósito e sentido maiores do universo.

Fonte: Peterson e Seligman (2004)

Essas são qualidades humanas que fazem parte da nossa natureza, portanto já estão incluídas, de saída, como potência. E como sugere a teoria, podemos exercitá-las, desenvolvê-las. Basta decidir isso. Por exemplo, para sermos gratos é preciso praticar a gratidão, para desenvolver a gentileza precisamos ser gentis, e, para nos tornarmos bons perdoadores, é necessário praticar o perdão.

Importante notar que apesar do tema perdão ser tão falado quando nos referimos à justiça, essa é uma força classificada na Virtude Temperança. Ou seja, ela nos proteja contra os excessos praticados contra nós mesmos ou contra nossos pares. Vejamos, quando não perdoamos, excedemos no tempo da frequência da dor. Revivemos no presente algo que poderia ficar no passado. Ressentimos a dor, pois para o cérebro não há diferença entre o que é vivido no momento e o que é lembrado, por isso sentimos de novo. Faça essa experiência. Feche os olhos e recorde um momento importante da sua vida. Feliz ou triste, não importa. Perceba o quanto você se emociona, seu corpo, inclusive, tem as mesmas reações fisiológicas. Você pode chorar ou sorrir, dependendo da emoção sentida com a lembrança. E nessa medida que o perdão importa para a Psicologia Positiva. Ele faz com que a dor fique no passado e não se torne um sofrimento arrastado por anos nos atrapalhando a existência.

Mas, como podemos definir uma qualidade humana como uma força de caráter? Por que algumas são categorizadas assim e outras não? Peterson e Seligman, inicialmente, estabeleceram dez critérios. Em uma revisão da teoria[9], Peterson e Park acrescentaram mais dois a essa lista. Segundo os autores, é considerada uma força de caráter quando cumpre os seguintes critérios[10]:

CRITÉRIOS PARA UMA QUALIDADE HUMANA SE CLASSIFICAR COMO UMA FORÇA DE CARÁTER

1) Por si só, ter seu valor moral.
2) Por si só, ter seu valor moral.
3) Ao se demonstrar, causa admiração.
4) Ter oposto(s) negativo(s).
5) Manifestar-se com constância na vida do indivíduo, em pensamentos, sentimentos e/ou ações.
6) É diferente de outros traços positivos e não deriva deles.
7) Existe um modelo ideal para representar a força.
8) Existe prodígio, em relação à força.
9) Existem pessoas que não possuem seletivamente essa tal força.
10) A sociedade mantém e sustenta instituições e rituais associadas para o cultivo da força em questão.
11) São mensuráveis.
12) Devem ser comuns em todas as culturas e nações.

Fonte: Peterson e Seligman, 2004

É importante destacar que algumas das forças de caráter não atendem a todos os critérios, mas mesmo assim foram incluídas no inventário. O perdão é uma delas.

---

9 PETERSON, C.; PARK, N. (2009) Classifying and Measuring Strengths of Character. In S.J. Lopez & C. R. Snyder (Eds.), Oxford handbook of positive psychology, 2nd edition (pp.25-33). New York: Oxford University Press. www.viacharacter.org Disponível em <https://www.viacharacter.org/www/LinkClick.aspx?fileticket=GoqggR0GNQQ%3D&portalid=0>Acessoem 23/04/2017.
10 Disponível em http://www.viacharacter.org/blog/wp-content/uploads/2013/12/Character-strengths-well-being-Park-Peterson-Seligman-2004.pdf. Visitado em 25/12/2015.

O PERDÃO COMO FORÇA DE CARÁTER

O perdão é considerado uma força de caráter porque cumpre 11 critérios. Menos um. Peterson, Seligman e sua equipe não reconhecem nenhum prodígio em relação a essa força. Ressaltam que as crianças são mais implacáveis que os adultos, por isso perdoam com menos facilidade.[11]

No quadro a seguir, com base no trabalho de Peterson e Seligman (2004) e com as reflexões que agreguei ao longo da experiência psicoterapêutica com o perdão, apresento o que consubstancia o perdão como uma força de caráter nos critérios apontados.

1) Contribui para uma vida de qualidade para o próprio indivíduo ou para quem o cerca.	O perdão, sem dúvida, contribui para a qualidade de vida de quem nos cerca e para a nossa própria vida, pois, quando perdoamos, nos livramos do outro e da mágoa que nos liga a fatos antigos e liberamos energia psíquica para aplicarmos em outros aspectos da nossa existência. Voltamos o olhar para nós mesmos e podemos investir em nosso aprimoramento pessoal.
	Maria não perdoa seu ex-marido por tê-la trocado por uma mulher mais nova. Ressente-se pelo fato e, há dois anos, usa toda a sua energia para melindrar a relação dos dois. Ela não admite que eles sejam felizes. Durante esse tempo de investimento na vida alheia, engordou 22 quilos e se sente infeliz, sozinha e amargurada. Perdoar aqui seria uma excelente opção. Ela poderia ter investido a energia em cuidar de si mesma. Provavelmente, já estaria feliz, com um novo e revigorante relacionamento amoroso.

---

11 Esse ponto pode servir para a discussão. Eu, particularmente, não concordo com a ideia de que as crianças são mais implacáveis que os adultos. Concordo apenas que não há prodígio em relação à força, visto que não ouvimos nossas crianças como modelos de comportamento a ser seguido. Enrigth também afirma que as crianças são terreno fértil para o perdão.

2) Por si só, ter seu valor moral.	Sem dúvida nenhuma, sozinho o perdão tem seu valor. Ele não depende de nenhuma outra força para se realizar. Ele, por si só, já se sustenta. Para perdoar alguém você não precisa, por exemplo, amá-lo. Juliana e seu pai sofreram um assalto. O bandido, ao perceber que o pai iria reagir, atirou em seu peito. Depois de um ano, Juliana, apesar de ainda triste pela perda do pai, conseguiu perdoar o transgressor. Ela, apesar de não amá-lo, compreendeu que, diante da sua falha moral, ele não teve como agir de outra forma. A amargura causada pelo trauma ficou para trás e ela conseguiu seguir em frente, tocando a vida, apesar da dor.
3) Ao se demonstrar, causa admiração.	Quando se demonstra, o perdão causa admiração. Podemos, muitas vezes, não concordar, mas quando presenciamos uma cena de perdão algo nos toca e, geralmente, isso nos causa emoções positivas. Tendemos a querer seguir o exemplo. Um exemplo universal, admirável e notório de perdão é o caso da Kim Phuc, a menina de nove anos de idade que ficou imortalizada com a foto emblemática da bomba na guerra do Vietnã. Kim, ao encontrar-se com o capitão John Plummer, oficial que ordenou o bombardeio de sua aldeia, o abraçou. Segundo seu próprio relato: "A guerra faz com que todos sejamos vítimas. Eu, quando menina, fui vítima, mas ele, que fazia seu trabalho de soldado, também foi. Tenho dores físicas, mas ele tem dores emocionais, que são piores que as minhas"[12]. Kim transformou suas antigas feridas de forma positiva com o perdão e atualmente viaja pelo mundo em campanha pela paz.

---

12 LACAYO, R.A. Saber Perdoar. Ed. Urano, 2012.

4) Ter opostos negativos.	Os opostos dessa força de caráter incluem implacável, rancoroso, punitivo, vingativo, impiedoso e duro de coração. São muitos os exemplos que indicam os opostos negativos do perdão.
	João Neto é impiedoso e não perdoa seu pai. Sua vida foi marcada por brigas e conflitos causados por seu ódio pelo fato de o seu genitor tê-lo abandonado quando criança. O rancor rasga o seu peito e apesar de saber que o pai necessita da sua ajuda, pois está doente e falido, João se nega a fazê-lo e tem um prazer mórbido em vê-lo definhar em vida. É claro que João não é feliz.
5) Manifestar-se com constância na vida do indivíduo, em pensamentos, sentimentos e/ou ações.	O bom perdoador, geralmente, tem diversos exemplos de episódios de perdão na vida. Ele não se magoa com facilidade e entende o outro. Sabe que todos têm seus limites e se fizeram o que fizeram é porque, naquele momento, entendiam que não podiam fazer de outro modo.
	Marina sempre teve tendência a perdoar. Desde criança, entendia a fraqueza de sua mãe. Compreendeu que os maus-tratos que sofria eram consequências da infância infeliz que sua mãe teve. Foi privada de afeto e não aprendeu a amar, por isso não sabia como banhar de amor a relação com a filha. Já adulta, Marina passou por uma situação tenebrosa: seu marido a espancou. Sem dúvidas, ela não quis se submeter aos maus-tratos e permanecer na relação. Ela se separou, mas perdoou Carlos. Entendeu que sua truculência era resultado de sua criação: Carlos assistia o pai espancar a sua mãe com frequência em sua infância.

6) É diferente de outros traços positivos e não deriva deles.	Perdoar não é amar, por exemplo. Não precisamos amar para perdoar. Ele não deriva desse traço ou de qualquer outro. O perdão simplesmente se dá, pois, para perdoar, basta ter a atitude de perdão.
	Definitivamente, Léa não amava sua cunhada, Rita. Afinal de contas, a mulher do irmão causou estragos imensos na relação dos dois, por influenciá-lo contra ela, inventar fatos e mentiras em relação ao processo de partilha da família, enfim, por causar um verdadeiro inferno por conta de sua fraqueza de caráter. Léa decidiu perdoar Rita. Não tem nenhum sentimento por ela.
7) Indivíduos paradigmáticos.	Os maiores ícones dessa força se encontram no cenário religioso. Na nossa cultura ocidental, por exemplo, o maior deles está representado pela figura de Jesus Cristo. "Pai, perdoe, eles não sabem o que fazem!", esta foi a frase dita por ele ao ser crucificado. Exemplo de empatia e compaixão maior não há.
8) Existe prodígio em relação à força.	Peterson, Seligman e seus pesquisadores concluíram que as crianças são muito mais implacáveis que os adultos. Dizem também que se há um exemplo de prodígio em relação à força eles desconhecem. "Se existem, são raras".[13]

---

13 PETERSON, C.; SELIGMAN, M. E. P. Character strengths and virtues: A handbook and classification. New York: Oxford University Press and Washington, DC: American Psychological Association, 2004, p. 434.

9) Existem pessoas que não possuem seletivamente essa tal força.	Existem muitas pessoas que não possuem essa força. E, geralmente, tais pessoas são deprimidas e não conseguem evoluir favoravelmente em sua vida. Nos consultórios de Psicologia e de Psiquiatria, podemos encontrar vários exemplos.
	Carmita não perdoa mesmo e tem até um certo orgulho disso. Quando é questionada, responde: "Quem sou eu para perdoar? Só Deus pode". Com essa frase ela se garante na postura inflexível e se afasta da força de caráter que poderia desenvolver, se decidisse isso.
10) A sociedade mantém e sustenta instituições e rituais associados para o cultivo da força em questão.	São muitos os exemplos de rituais para o ato do perdão. Como citado no primeiro capítulo, várias religiões se ocupam do tema e fazem rituais para consegui-lo. O Ho'oponopono, milenar prática havaiana que atualmente está em voga, também coloca como ponto de partida para uma vida saudável a aplicabilidade do perdão e realiza rituais para o desenvolvimento dessa força. No dicionário havaiano, Ho'oponopono significa "limpeza mental"; na prática essa técnica é muito bem aplicada em encontros familiares, onde se reúnem todos os membros, e todos os relacionamentos estabelecidos, para gerar harmonia através da oração, discussão, confissão, arrependimento e perdão mútuo.
11) É amplamente reconhecida em várias culturas.	Demonstramos no primeiro capítulo como o perdão foi e ainda é valorizado por diversas culturas ao longo do tempo. Cristãos, judeus, hindus, islâmicos, todas as culturas cultivam o perdão.
12) É mensurável.	Várias pesquisas[14] têm sido desenvolvidas para mensurar vários aspectos do ato de perdoar. Especialmente, a disposição geral para o perdão. Demonstrarei vários exemplos adiante.

14 Citaremos adiante.

Para resumir, podemos afirmar que o perdão é uma força de caráter contida na Virtude Temperança que nos protege contra os excessos. Enquanto virtude, a temperança é um bem natural, ou seja, faz parte da natureza humana, existe como potência. Se faz parte da natureza humana e existe como potência podemos dizer que, para desenvolver uma virtude, através das forças de caráter, basta decidir por isso e fazer do hábito o nosso melhor aliado na busca do aprimoramento pessoal e bem-estar subjetivo.

O perdão nos protege dos excessos da raiva e da mágoa. Esse fato não significa que pessoas que têm o perdão como qualidade ativa na personalidade não sintam mais ódio, nem raiva. Isso é parte da natureza humana e funciona como um sinalizador para a nossa sobrevivência. No entanto, esses sentimentos são amenizados pela compaixão e pela empatia. Perdoar, assim, funciona como um protetor, não só do indivíduo que é perdoado, mas para quem perdoa, visto que o libera das emoções negativas que podem afetar contundentemente a saúde física e atrapalhar sua plena existência no mundo.

Neste capítulo apresentei o conceito de perdão no cerne da Psicologia Positiva e expliquei porque ele pode ser considerado uma força de caráter. No capítulo seguinte, irei demonstrar como podemos utilizar o perdão na clínica psicoterapêutica e quais são seus efeitos práticos, apresentando alguns casos clínicos.

A PSICOLOGIA POSITIVA COMO PROPOSTA TERAPÊUTICA

A minha proposta clínica com o olhar da Psicologia Positiva utiliza o perdão como pilar do processo terapêutico. E isso se dá porque considero fundamental que o sujeito desamarre-se da dor, ressignifique a adversidade para que o campo fique fértil para exercer a sua potencialidade, descobrir seus talentos, suas forças de caráter, realizar seus objetivos, melhorar seus relacionamentos, multiplicar suas emoções positivas e, finalmente, florescer. Neste capítulo, pretendo dar contornos ao que a Psicologia Positiva propõe como técnica, incluindo o perdão na sua condução.

A Psicoterapia Positiva (*Positive Psychotherapy*) como proposta clínica surgiu a partir de pesquisas realizadas por Martin Seligman, Acacia Parks e Tayyab Rashid.[1] O foco do primeiro movimento nessas pesquisas foram pessoas deprimidas. Parks, então aluna de Seligman, criou um conjunto de seis exercícios que foram aplicados durante seis semanas, em terapia de grupo, com o objetivo de tratar sintomas depressivos em adultos jovens com depressão leve a moderada. Os resultados, segundo Seligman, foram surpreendentes. Tais exercícios diminuíram muito os sintomas depressivos. Alguns até desapareceram. Ainda mais, os efeitos permaneceram depois de um ano do início do tratamento.

---

1 SELIGMAN, M. Florescer: Uma Nova Compreensão Sobre a Natureza da Felicidade e do Bem Estar. Rio de Janeiro: Objetiva, 2011.

Importante notar aqui que o termo "Psicoterapia Positiva" não foi inaugurado pela Psicologia Positiva. Ele já tinha sido utilizado pelo iraniano Nossrat Peseschkian, médico especialista em Neurologia, Psiquiatria e Psicossomática, em 1968. Apesar de seu método de Psicoterapia também ter uma conotação positiva, como a Psicologia Positiva à qual nos referimos, o seu arcabouço teórico era composto por um método psicodinâmico com uma abordagem transcultural e humanista.[2]

Na Universidade da Pensilvânia, Tayyab Rashid, também em coautoria com Seligman, desenvolveu uma abordagem de Psicoterapia Positiva visando tratar pacientes deprimidos que buscavam atendimento no SPA (Serviços Psicológicos e Aconselhamento) da instituição. A Psicoterapia Positiva inaugurada pelos pesquisadores contrastava com as intervenções-padrão, comumente usadas pelos profissionais da saúde mental, pois, ao invés de focar nos sintomas depressivos, se ocupava de aumentar o nível de emoção positiva, engajamento e significado[3].

Em um experimento para pacientes com depressão grave escolhidos aleatoriamente, perceberam que a Psicoterapia Positiva funcionou muito melhor que a terapêutica realizada por medicamentos. Enquanto 55% dos pacientes tratados com a Psicoterapia Positiva tiveram remissão dos sintomas, apenas 20% tratados com Psicoterapia Tradicional e 8% tratados com remédios melhoraram da depressão.[4] Essa é uma prova da eficácia do tratamento pautado em Psicologia Positiva.

Essa nova proposta terapêutica compõe-se, como outras Psicoterapias, de um conjunto de técnicas que funcionam melhor quando associadas aos princípios terapêuticos básicos, como acolhimento, empatia, confiança, sinceridade e relacionamento profissional. Num primeiro momento, seus autores sugerem que se faça uma avaliação das pontuações dos sintomas depressivos e de bem-estar do cliente. O segundo passo é discutir os sintomas depressivos e mostrar que são potencialmente explicados pela falta de bem-estar, ausência de emoção positiva, engajamento e sentido na vida. A seguir, apontaremos sucintamente o modelo estruturado de PPT, produzido por eles:

---

2 CORRÊA, A. P. 2015. Resenha Crítica: Psicoterapia Positiva. Grupo Biblioteca Positiva. Disponível em https://www.facebook.com/groups/1661808940705438/permalink/1696298933923105/. Acesso em 07/05/2017.
3 SELIGMAN et al. Positive Psychotherapy. Positive Psychology Center, University of Pennsylvania. Disponível em http://www.hiram.edu/wp-content/uploads/2017/03/SeligmanRashidParks2006.pdf. Acesso em 01/05/2017.
4 SELIGMAN, 2011. Op. Cit. p. 55.

SINOPSE DO MODELO APRESENTADO POR SELIGMAN E RASHID[5]

Primeira sessão: o cliente escreve uma "Introdução Positiva" de uma página (mais ou menos 300 palavras), na qual conta uma história concreta mostrando a si mesmo em sua melhor forma e ilustrando como usa suas mais altas forças de caráter.

Segunda sessão: o cliente identifica suas forças de caráter a partir da introdução positiva e discute situações nas quais essas forças o ajudaram no passado. É aconselhável que se peça para fazer o teste *Values in Action Inventory of Strengths VIA-IS, on-line*, para confirmação de tais forças.

Terceira sessão: identificamos situações específicas em que as forças de caráter apontadas pelo teste *VIA-IS* possam facilitar o cultivo do prazer, o engajamento e o sentido. A lição de casa aqui consiste em fazer com que o cliente realize um "diário de bênçãos" no qual descreve, todas as noites, três coisas boas que aconteceram naquele dia.

Quarta Sessão: Discutimos o papel das boas e más lembranças na manutenção da depressão. O apego à raiva e à amargura mantém a depressão e mina o bem-estar. Aqui a lição de casa é escrever sobre sentimentos de raiva e amargura e sobre como eles alimentam a depressão.

Quinta sessão: pedimos ao cliente que escreva uma carta de perdão, descrevendo uma transgressão e as emoções relacionadas a ela, se comprometendo a perdoar o transgressor, mas não entrega a carta. O perdão aqui funciona como uma ferramenta poderosa que pode transformar sentimentos de raiva e amargura em neutralidade e até, em alguns casos, em emoção positiva.

Sexta sessão: o cliente é levado a escrever uma carta de agradecimento a alguém a quem nunca tenha agradecido apropriadamente e é estimulado a entregá-la pessoalmente.

Sétima sessão: reiteramos a importância de cultivar emoções positivas, pelos registros dos diários de bênçãos e do uso das forças de caráter.

---
5 Retirado do livro Florescer. P. 52-54.

Oitava sessão: o cliente é encorajado a aumentar o seu nível de satisfação e, para que isso aconteça, é levado a traçar um plano de ação pessoal para a realização.

Nona sessão: discutimos otimismo e esperança, usando um estilo explanatório. Como lição de casa, sugerimos ao nosso cliente que pense em três portas que se fecharam para ele. Depois pedimos que ele pense nas inúmeras que podem se abrir.

Décima sessão: o cliente é levado a reconhecer as forças de caráter de pessoas que são importantes em sua vida. A orientação aqui é que ele reaja ativa e construtivamente a eventos positivos, relatados por outras pessoas. Aqui ele acerta uma data para comemorar as forças de caráter de seus parceiros.

Décima primeira sessão: mostramos como pode reconhecer as forças de caráter de seus pares e sugerimos que seus familiares façam o teste, pela *internet*, e, em seguida, produzam uma "árvore" onde estejam incluídas todas as forças de caráter da família.

Décima segunda sessão: introduzimos a apreciação como técnica para aumentar a intensidade e a duração da emoção positiva. Lição de casa: o cliente planeja atividades agradáveis e as pratica conforme o planejado. O cliente recebe uma lista de técnicas de apreciação.

Décima terceira sessão: aqui o cliente deve usar parte do seu tempo para exercer a força de caráter identificada na Psicoterapia.

Décima quarta sessão: Discutimos a vida plena, que integra o prazer, o engajamento e o sentido.

Fonte: SELIGMAN, 2011

Em meu consultório, tenho provas todos os dias do efeito curativo dessa prática proposta por Rashid e Seligman. No entanto, não podemos esquecer que a Psicoterapia nos fornece um conjunto de técnicas que devem estar respaldadas com o arcabouço teórico produzido por outras propostas de pensamento da Psicologia. É importante notar também que, quando falamos em Psicoterapia, seja ela em grupo ou individual, não podemos, necessariamente, limitar um tempo para eficácia ou término do tratamento. Esse modelo, a meu ver, funciona apenas como pauta para uma Psicoterapia conduzida pelo viés da Psicologia Positiva. Como psicoterapeutas, sabemos que definir o tempo de evolução para o outro é impossível. Vamos com calma. A cada passo, apresentando o que há de bom, produzindo emoções positivas e aumentando o nível de bem-estar do nosso paciente.

A Psicologia Positiva não é uma linha da Psicologia como Psicanálise, Gestalt, Terapia Cognitivo Comportamental, entre outras. Não é excludente e pode ser considerada um corte paradigmático em relação à compreensão do sofrimento psicológico e emocional dos seres humanos. Segundo Martin Seligman[6], é uma "Psicologia do Enfrentamento", que, além de livrar os pacientes da dor, da miséria e de seus sintomas negativos, busca melhorar suas emoções, ajudando-os a criar sentido na vida, a realizar seus sonhos através do estabelecimento de objetivos e a aumentar possibilidades para a atuação em relacionamentos mais positivos. Mais uma vez, ressalto que o que a Psicologia Positiva pretende com suas intervenções é alcançar a cura, que foi negligenciada por muito tempo por psicólogos e psiquiatras. É importante notar, também, que ela não rechaça a minimização do sofrimento que sempre foi o objetivo da Psiquiatria e da Psicologia Tradicional, mas, para além da dor, o que pretende é ajudar o paciente a construir o bem-estar e o colocar na condição de agente nesta construção.

Tenho formação em Psicanálise e por muito tempo permaneci na clínica, olhando o sofrimento dos meus pacientes sem poder apontar para soluções para suas dores. De certo modo, me sentia impotente. Com a Psicologia Positiva, atrelada a instrumentos e técnicas propostos pela Terapia do Esquema, dei um salto de qualidade em meus atendimentos e posso afirmar que, hoje, reconhecidamente, consigo transformar a qualidade de vida de quem me procura.

---

[6] SELIGMAN, M. Florescer: Uma Nova Compreensão Sobre a Natureza da Felicidade e do Bem-Estar. Rio de Janeiro: Objetiva, 2011. P. 64 – 65.

TERAPIA DO ESQUEMA, QUAIS SÃO AS SUAS BASES?

A Terapia do Esquema foi desenvolvida por Jeffrey Young[7] em 1990 para tratar pacientes que não respondiam de forma adequada à Terapia Cognitivo-Comportamental tradicional, principalmente, para aqueles depressivos ou com ansiedade crônica, transtornos alimentares e problemas nos relacionamentos amorosos. Mostrou-se também muito eficaz para tratamento com criminosos e entre usuários de álcool e drogas, evitando recaídas. O objetivo desse tipo de terapia é a cura de esquemas criados e desenvolvidos durante a infância e adolescência que se arrastam por toda a vida do sujeito, tornando-se desadaptativos. Observamos aqui que, como a Psicologia Positiva, a Terapia do Esquema também se propõe à cura. É nesse sentido que afirmo que elas se complementam.

Quanto à sua duração, ela pode ser breve, de médio ou de longo prazo. Isso só depende da evolução do paciente. Ela vai além da Terapia Cognitivo-Comportamental tradicional, pois dá ênfase muito maior às investigações das origens infantis e adolescentes dos problemas psicológicos, às técnicas emotivas, à relação terapeuta-paciente e aos estilos desadaptativos de enfrentamento. É nessa medida que incluí conceitos produzidos pela Psicanálise e pela Gestalt, sem a menor cerimônia. Ela deixa de lado uma espécie de rivalidade clássica na ciência da Psicologia, em que uma linha teórica nega a outra.

O que Young[8] chama de Esquemas Desadaptativos Remotos são memórias, emoções e sensações corporais que se ativam quando o indivíduo encontra ambientes que o fazem "lembrar" o que produziu traumas ou mágoas vividos anteriormente. Eles resultam de necessidades emocionais fundamentais não satisfeitas na infância e vão se repetindo como temas de padrões amplos e generalizados disfuncionais em um grau significativo na relação do indivíduo com seus pares. Ou seja, diante de uma inundação de sentimentos negativos, os esquemas são acionados e tornam-se desadaptativos pois, geralmente, não correspondem mais à situação vivida no momento.

São 18 os esquemas classificados nessa teoria.

---
7 YOUNG, J. E. Terapia do Esquema: guia de técnicas cognitivo-comportamentais inovadoras. Porto Alegre: Artmed, 2008.
8 YOUNG, J. E., 2008.Op. Cit.

ESQUEMAS DESADAPTATIVOS REMOTOS

1) Abandono/Instabilidade
2) Desconfiança/Abuso
3) Privação emocional
4) Defectividade/Vergonha
5) Isolamento social/Alienação
6) Dependência/Incompetência
7) Vulnerabilidade ao dano ou à doença
8) Emaranhamento
9) Fracasso
10) Arrogo/Grandiosidade
11) Autocontrole e autodisciplina insuficientes
12) Subjugação
13) Autossacrifício
14) Busca de aprovação e reconhecimento
15) Negativismo/Pessimismo
16) Inibição emocional
17) Padrões inflexíveis
18) Postura punitiva

Adaptado do livro de Jeffrey Young, 2008.

Para se adaptar a um esquema, o indivíduo desenvolve estilos de enfrentamento, que são conjuntos de respostas estruturadas desde a mais tenra infância. Esses estilos operam inconscientemente, e trazem como consequência uma resposta. Os estilos de enfrentamento podem ser resignação, evitação ou hipercompensação. Quando um indivíduo "escolhe", mesmo sem saber conscientemente, a resignação como forma de expressão, ele consente o esquema. Quando "decide" evitar, ele não ativa o esquema. Na hipercompensação, luta contra o esquema. Por exemplo, usando o estilo de enfrentamento resignação, o paciente consente o esquema e repete padrões da infância. Na evitação, os pacientes organizam a sua vida para que o esquema não seja ativado. Eles usam como resposta de enfrentamento a fuga. Geralmente, bebem demais, usam drogas, fazem sexo promíscuo, comem demais, limpam compulsivamente ou são viciados em trabalho. Na hipercompensação, o indivíduo luta contra os esquemas. O paciente nesse caso se dedica a ser o mais diferente possível da criança que foi quando o esquema foi adquirido. Quando há sinal de manifestação do esquema, ele contra-ataca. Até parece saudável. Na superfície, parece autossuficiente, mas no íntimo sente a ameaça do esquema. Esses estilos de enfrentamento funcionam como um traço do comportamento do indivíduo, enquanto as respostas de enfrentamento funcionam como um estado.

Jeffrey Young[9] conceitua também a ideia de modos de enfrentamento. Esses são os modos de operação dos esquemas (estados emocionais, respostas de enfrentamento). São como "botões emocionais" ativados por situações de vida às quais somos supersensíveis. Ele destaca quatro modos e diz que esse é o conceito mais difícil de explicar em sua teoria. Os modos são diferentes partes do eu (*self*) que se dividem em distintas personalidades. Inúmeras vezes, essas partes não estão conscientes umas das outras e podem ter diferentes nomes, idades, gêneros, traços de personalidade, memórias e funções. Pessoas psicologicamente saudáveis também atuam com esses modos reconhecíveis, no entanto, o *self* ou eu não é consideravelmente fragmentado, como acontece com pessoas com algum transtorno. Ele descreve dez modos de operação dos esquemas e agrupa em quatro categorias diferentes.

---

9 YOUNG, Jeffrey. 2008. Op. Cit.

MODOS DE OPERAÇÃO DO ESQUEMA

1) CRIANÇA	• Modo criança vulnerável: neste modo, o afeto é o de uma criança desamparada, assustada, triste, frágil.
	• Modo criança zangada: o afeto aqui é de uma criança furiosa, com acesso de raiva.
	• Modo criança impulsiva: expressa emoções e age a partir de desejos, seguindo suas vontades de maneira negligente.
	• Modo criança feliz: aqui as necessidades emocionais básicas parecem encontrar-se satisfeitas.
2) ENFRENTAMENTO DISFUNCIONAL	• CAPITULADOR COMPLACENTE: submete-se ao esquema, tornando-se a criança passiva e desamparada que deve ceder aos outros.
	• PROTETOR DESLIGADO: desliga-se, psicologicamente, do sofrimento, abusando do álcool ou das drogas.
	• HIPERCOMPENSADOR: reage maltratando outras pessoas numa tentativa de refutar o esquema.
3) PAIS DISFUNCIONAIS	• PAI/MÃE PUNITIVOS: pune um dos modos da criança por se comportar mal.
	• PAI/MÃE PUNITIVOS EXIGENTES: empurra e pressiona a criança a cumprir padrões elevados de comportamento.
4) ADULTO SAUDÁVEL	• É o que se deve fortalecer na terapia, ensinando o paciente a moderar, a cuidar de curar os outros modos.

Fonte: Young, J. 2008.

Sendo assim, podemos perceber que o modo é o estado predominante em que estamos no momento da ativação do esquema. O indivíduo pode mudar de um modo a outro no mesmo esquema. Um dos objetivos da terapia é ajudar os pacientes a passar de um modo disfuncional para um funcional, como parte do processo de cura de esquemas desadaptativos remotos.

O ENCONTRO ENTRE PSICOLOGIA POSITIVA E TERAPIA DO ESQUEMA

Contemporâneas e ocupadas em curar o paciente, ambas as abordagens se complementam e nos dão instrumentos para cuidar do indivíduo. A Terapia do Esquema nos dá a base para a identificação da origem do sofrimento, enquanto a Psicologia Positiva nos oferece técnicas para o florescimento do que o sujeito traz como potência.

Por exemplo, uma pessoa com esquema de abandono tem como base a sensação de que o outro sempre vai deixá-la. Quando se submetem ao esquema, escolhem parceiros com alta probabilidade de abandoná-la, ativando assim a mesma emoção que tiveram em sua infância.

O ESQUEMA DE ABANDONO

A HISTÓRIA DE ÉRICA[10]

Érica tinha 27 anos quando buscou atendimento depois de tentar suicídio. Sentia-se absolutamente infeliz, sua vida não tinha mais sentido, estava com muita raiva e não se via incluída em lugar nenhum. Seu marido a havia trocado por outra mulher. O abandono, para Érica, era da ordem do insuportável. O que mais a abatia não era o que sentia por Jorge ou a saudade que podia ecoar em seu peito, mas o fato de ter sido preterida. A cola que os unia definitivamente não era o amor. Ela também não o amava mais, mas não admitia que ele a deixasse.

Enlouquecia todas as vezes em que imaginava seu ex-marido com a atual mulher. Passava por momentos de muita agressividade e outros de profunda apatia. Tinha feito diversos escândalos no trabalho dele e amea-

---

[10] Nome fictício. As histórias aqui relatadas são composições feitas a partir de vários casos de pacientes ao longo da minha clínica.

çado de morte Maíra, o novo amor do seu antigo parceiro. Abusava do álcool e das drogas e se cortava sempre que se sentia desamparada.

Esse tipo de comportamento era recorrente. Todas as vezes que o abandono a ameaçava, se comportava exatamente da mesma forma. Teve muitas relações "amorosas" na vida e todas as vezes se apaixonava com obsessão. Sempre escolhia parceiros instáveis, comprometidos e com alta probabilidade de abandoná-la. Isso "servia" para confirmar a sua crença central de que todas as pessoas que ama vão deixá-la e rejeitá-la.

O diagnóstico era de Transtorno de Personalidade Borderline (TPB), cujo esquema principal é o abandono. Pacientes com esse tipo de esquema se apegam demais às pessoas próximas, são possessivos e gostam de controlar o outro, têm ciúmes demasiados e estão sempre competindo. As emoções típicas desse tipo de transtorno são ansiedade crônica com relação à perda das pessoas, tristeza ou depressão quando há uma falta real ou percebida e raiva intensa daqueles que a deixaram.

A vida de Érica não foi muito fácil até ali. Seu ambiente familiar na infância era inseguro e ela sofria de privação emocional. Tinha um irmão mais velho, diagnosticado com deficit de atenção, e seus pais, na maior parte do tempo, só se dedicavam a ele. Com frequência, esse irmão abusava dela física e sexualmente. Sua mãe era demasiadamente crítica em relação a ela e intolerante com as suas emoções. A infelicidade de Érica a incomodava e ela deixava bem claro que não gostava da filha. Inclusive, expressava isso verbalmente. Dizia também que ela era uma "desgraçada" e Érica acreditava. Seu pai era distante e deprimido. Não ficava muito tempo em casa, vivia em seu próprio mundo.

Nenhum dos pais a protegia, ambos eram emocionalmente frios e distantes e a culpavam pelo mau comportamento do irmão. Assim, Érica cresceu acreditando que ninguém deveria cuidar dela, pois não merecia atenção nem afeto. Por isso, perpetuou o esquema de abandono ao longo de sua existência, pois precisava criar "sintonia" com sua crença central.

O primeiro passo do processo psicoterapêutico foi aplicar o Inventário Multimodal da História de Vida[11] que me deu um mapeamento geral da

---
11 LAZARUS, A. (1977). Terapia Multimodal do Comportamento. São Paulo: Editora Manole.

vida da Érica. O segundo passo no nosso processo foi aplicar o Questionário de Esquemas de Young, instrumento singular para a avaliação. Depois de informada sobre a influência de seus esquemas nas suas escolhas na vida, Érica começou a melhorar e a entender que ela não era vítima de Jorge. Ao contrário, ela o tinha escolhido como algoz. Simultaneamente, começou a entender que a forma como foi tratada na infância a "atraía" para a repetição dos padrões que ela já conhecia. E o perdão, onde entra nessa história?

Havia, como pano de fundo na sua depressão e desamparo, a fragilidade de sua situação na infância. Quando falava da mãe, Érica não a conseguia perdoar. Sentia uma raiva profunda que lhe rasgava o peito. A sensação de desamparo e desproteção tinha se alastrado por toda a sua vida. E a culpa, sem dúvida nenhuma, segundo ela, era da sua mãe. Em determinado momento do processo terapêutico, esse assunto tomava toda a sessão. E, invariavelmente, a minha condução foi dizer o que era perdoar. Demonstrava, incessantemente, que entender seus pais, principalmente sua mãe, e compreender a fragilidade dela, era fundamental para se livrar do passado dolorido e fazer escolhas melhores no presente. Como lição de casa, sugeri que escrevesse exatamente o que achava imperdoável na sua infância. Ela delimitou a dor e percebeu, ao escrever, que sentia a mesma coisa por Jorge, seu ex-marido. A emoção era a mesma. Indignação, desamparo.

Um dia, Érica sugeriu um encontro com sua mãe no consultório. Emoção profunda e dilacerante inundou a sala quando a filha expressava a dor que sentiu em sua infância, quando era negligenciada e ofendida. A mãe, ao seu turno, consternada disse que não sabia o quanto seu comportamento agressivo e raivoso tinha influenciado o transtorno da filha. Perdão pedido, perdão concedido. Foram embora e me deixaram a sensação de dever cumprido.

Atualmente, Érica não persegue mais o ex-marido. Arrumou um namorado que lhe dá o afeto necessário para não se sentir desamparada. Desfez os nós que a amarravam ao seu passado sombrio e, nesse momento do processo terapêutico, estamos trabalhando seus talentos e forças de caráter. A terapia continua e Érica está cada dia mais potente.

ESQUEMA DE DEFECTIVIDADE/VERGONHA

A HISTÓRIA DE JOEL[12]

Joel, 52 anos, procurou meu consultório pois sabia que o trabalho que eu desenvolvia se pautava na Psicologia Positiva, com a intenção de potencializar seus talentos. Era um homem bem-sucedido, havia construído uma carreira brilhante e conquistado muitos bens materiais. No entanto, seus relacionamentos, de uma maneira geral, sempre foram péssimos. Não conseguia controlar os seus impulsos, vivia aos berros com as pessoas mais próximas pois "acreditava" ser melhor que todo mundo. Não se incomodava em descobrir que as afastava de seu convívio ou que estava sendo injusto com algumas. Em determinados momentos, também sofria do que batizou de "paralisia da vontade", quando não desejava nada, nem ninguém. Sofria de insônia, dormia de dia e acordava à noite.

Sempre começava suas frases com "EU", pois só o que interessava era a maneira como ele se sentia, e seu tom nas sessões de terapia era arrogante. Questionava tudo que ouvia e sempre se autoengrandecia. Tudo dele era melhor. Suas roupas, seus carros, seus imóveis. Ele também queria trocar de esposa, pois ela não "servia" mais. Como acontece com frequência com esse tipo de paciente, Joel escolheu casar-se com uma mulher que reforçasse seu esquema. Sua esposa que, no início, parecia ideal, era uma mulher fria, centrada na sua própria tristeza. Ele, sempre que podia, a desvalorizava e a ofendia verbalmente. O casamento se transformou em um deserto gelado.

Nos relacionamentos íntimos, pessoas com esquema de Defectividade/Vergonha tendem a ser incapazes de absorver amor e de ver os relacionamentos como fontes de aprovação e validação. Carecem de empatia com pessoas próximas. Com frequência também sentem inveja de terceiros percebidos de alguma forma como superiores. Idealizam seu objeto de amor inicialmente e, depois, com o tempo, desvalorizam cada vez mais o parceiro.

---

[12] Nome fictício. As histórias aqui relatadas são composições feitas a partir de vários casos de pacientes ao longo da minha clínica.

Esses pacientes, em geral, vieram de lares com pais ausentes, passivos, distantes, abusivos e que os rejeitavam. Na infância, sentiam-se especiais quando atingiam padrões impostos pela mãe ou pelo pai, caso contrário, seriam ignorados ou desvalorizados. Em lugar de amor verdadeiro e altruísta, a criança recebe aprovação condicional: fez o que eu espero, muito bem, caso contrário, será desconsiderado.

Muitos pacientes narcisistas eram talentosos de alguma maneira quando crianças e receberam mensagens opostas dos pais: um inflava o seu valor, enquanto o outro o ignorava ou desvalorizava. Esse era o caso da mãe do Joel. Segundo seu relato em sessão, ela parecia feita de pedra. Sempre que vem à mente a sua lembrança, ela se apresenta imóvel, triste e preocupada apenas com seus próprios dilemas. Para se proteger da frieza da mãe, Joel se tornou pedra também. Em determinados momentos, se colocava como uma criança solitária, noutros se escondia atrás da agressividade e do autoengrandecimento para afastar a sua dor.

Em seu íntimo, se sentia falho, ruim, inferior. Considerava-se defectível, não era digno de receber amor. Tinha medo de os seus defeitos serem percebidos, por isso se apresentava de maneira a não ser muito acessível ao outro, ele precisava se manter no pedestal.

Quando grita ou se engrandece exageradamente, é para hipercompensar a falta de importância que traz das experiências emocionais mal resolvidas na infância. O procedimento nesse caso também incluiu aplicar o Inventário Multimodal da História de Vida e o Questionário de Esquemas de Young. Com o material em mãos, expliquei ao Joel a origem de seu sofrimento. Sugeri que escrevesse uma carta à sua mãe, que já é falecida, e que trouxesse para a terapia. O objetivo aqui era delimitar a dor e ressaltar exatamente o porquê da sensação de desvalorização do outro. Aos poucos, ele foi entendendo as causas da frieza da mãe e conseguiu se desatar da dor que o prendia ao passado tenebroso. Compreendeu que a depressão da mãe a impossibilitou de ser melhor. Conseguiu perdoá-la. Obviamente que não esqueceu seu passado sombrio. Lembrava-se muito dele, mas agora não ocupava mais o lugar da vítima.

Atualmente, Joel mantém relacionamentos mais afetuosos e produtivos, se livrou da depressão, pois começou a reconhecer pequenas coisas boas que a vida lhe dá, e não se esquece de manter atualizado o seu diário, onde anota sempre detalhes do seu dia que fazem a vida valer a pena.

ESQUEMA DESCONFIANÇA/ABUSO

A HISTÓRIA DE EDUARDO[13]

Eduardo veio de uma infância traumática, assim como boa parte dos habitantes do planeta Terra. Seu pai, um alcoólatra inveterado, bebia todas as noites num bar perto de casa. Com nove anos de idade, ele se sentia na obrigação de trazê-lo, arrastando as pernas pelas ruas do bairro pobre onde moravam.

Enquanto seu pai se embriagava, sua mãe levava os amantes para casa e fazia sexo na sua frente. Quando não havia amante disponível, a mãe lhe mostrava o corpo, de maneira sexualmente provocante, com a desculpa de educá-lo para a vida. Ela também o submetia a abusos físicos e verbais. Dizia que ele era um imbecil e que não devia ter nascido. O abuso da mãe e a negligência do pai o deixaram com a impressão de que era inadequado, ele tinha vergonha de existir, se sentia sem valor e não merecedor de amor.

Agora, com 36 anos, Eduardo cria o seu filho de cinco, pois sua esposa o deixou por outro homem, calcificando sua crença central: "As pessoas sempre vão usar e abusar de mim". Cabisbaixo, triste e desamparado, sofre de ansiedade social e não consegue controlar a sua raiva. Nesse estado, procurou a terapia.

Pacientes com o esquema central de Desconfiança/Abuso têm a expectativa de que os outros vão mentir, trair e obter vantagens sobre eles de várias maneiras. Irão também tentar humilhá-los ou abusar deles. Geralmente, são defensivos e desconfiados. Acreditam que as pessoas querem machucá-los intencionalmente ou, em estágios mais graves do esquema, têm certeza de que são malevolentes, sádicas e têm prazer em magoar os outros. Chegam a pensar que seus pares só querem torturá-los e usá-los sexualmente. Geralmente, evitam a intimidade, não compartilham seus

---
[13] Nome fictício. As histórias aqui relatadas são composições feitas a partir de vários casos de pacientes ao longo da minha clínica.

sentimentos e pensamentos mais profundos e como "ataque preventivo" muitas vezes acabam abusando de outras pessoas ou traindo-as: "Vou pegá-los antes que me peguem". Esse é o pensamento que rege suas ações. É também comum escolherem parceiros abusadores e permitem que abusem dele física, sexual e emocionalmente, pois assim confirmam a tese já conhecida da sua infância.

Quando Eduardo escolheu Marina, ele já sabia de seu comprometimento afetivo, mas mesmo assim decidiu apostar. Mais uma vez aqui não foi o amor que regeu a decisão, mas a cumplicidade sintomática. Marina o iria trair. Todo seu histórico de vida e estrutura mental indicavam isso. Ela era totalmente "intensa" nos sentimentos. Variava de estados de muita euforia para profunda depressão. Seus vários relacionamentos amorosos de curta duração denotavam uma instabilidade e falta de controle emocional. Eduardo sabia e, mesmo assim, topou se casar com ela.

Ele precisava reforçar o que foi vivido em sua infância traumática. Era incapaz de formar vínculos seguros e satisfatórios com outras pessoas, pois acreditava que suas necessidades de segurança, cuidado, amor e pertencimento não seriam atendidas. O processo terapêutico do Eduardo também começou com a aplicação do Inventário Multimodal da História de Vida e depois com o Questionário de Esquemas de Young. Com esse dossiê em mãos, parti para a explicação detalhada do que acontecia em sua subjetividade e o que causava os seus sintomas caracterológicos[14]. Falamos muito sobre o que é e o que não é perdoar. Eduardo, que resistia até a tocar no assunto, começou a compreender que o perdão é bom para quem perdoa. Ficou mais flexível, começou a se entender. Sugeri que avaliasse suas principais forças de caráter fazendo o *VIA Survey*. Ele começou a se reconhecer como uma pessoa com qualidades especiais. Depois de três meses, decidiu que visitaria o pai no asilo e entregaria uma carta para ele. O mais curioso é que a carta em questão não incluía a mágoa ou ressentimento pelo fato de o pai ter permitido sua mãe abusar dele física e emocionalmente. Na carta, Eduardo decidiu pedir perdão por não ter compreendido à época a fragilidade dos dois. Apesar de sabermos que o perdão não necessariamente inclui a reconciliação, Eduardo decidiu aco-

---

[14] Diferentemente dos sintomas específicos, os caracterológicos parecem fazer parte da "personalidade" do indivíduo. Muitas vezes é tão egossintônico que o sujeito nem sabe que é disfuncional.

lher seu pai em sua casa e passar os últimos dias que lhe restavam com ele. Não foram muitos, seu pai morreu pouco tempo depois. Mas Eduardo hoje vive em paz com seu passado, que não o assombra mais.

ESQUEMA DE PRIVAÇÃO EMOCIONAL
A HISTÓRIA DE NATÁLIA[15]

Natália, 34 anos, procurou atendimento muito deprimida, reclamando da frieza e distância do marido. Sua tristeza era contundente e sua depressão crônica, pois sempre que se dirige ao Paulo* em busca de abraços e de solidariedade ele se irrita e se afasta. A seu turno, ela reage exageradamente à frieza do marido, que apesar de amá-la não sabe como demonstrar. Esse comportamento gera um ciclo vicioso: a frieza de Paulo aflora a raiva em Natália, e a raiva dela faz com que ele fique mais frio na relação, detonando seu esquema de privação emocional.

Antes de se casar, ela havia se relacionado com um homem muito carinhoso, mas se sentiu "sufocada" por ele. Seus carinhos a deixavam absolutamente irritada. Natália sempre se sentiu atraída por homens que a privavam emocionalmente, e Paulo se encaixou muito bem nesse perfil. Filha única de pais emocionalmente frios, que cuidavam de suas necessidades físicas, no entanto negligenciavam suas questões afetivas e emocionais, Natália perpetua sua privação da infância, pois foi assim que "aprendeu" a reagir.

Esse exemplo ilustra como a privação muito precoce na infância leva ao desenvolvimento de um esquema, que depois é acionado involuntariamente, provocando relacionamentos disfuncionais e, por consequência, a depressão.

O esquema de Privação Emocional se caracteriza por uma expectativa de que a necessidade de conexão amorosa nunca será atingida. Pacientes com esse esquema sentem-se privados de emoções e pensam que não tiveram afeto, carinho e atenção suficientes. Chegam à terapia solitários, amargos e deprimidos, mas normalmente não sabem o porquê.

---

15 Nome fictício. As histórias aqui relatadas são composições feitas a partir de vários casos de pacientes ao longo da minha clínica.

Geralmente não se expressam e não são claros em assuntos que se referem às suas necessidades afetivas. Não demonstram desejo de amor e conforto e é muito comum escolherem pessoas que não conseguem ou não querem se envolver. Os escolhidos, comumente, são frios, distantes, autocentrados ou carentes; portanto, com muita possibilidade de privá-lo de expressões de amor e carinho. Essa opção é uma forma de reforçar seu esquema desadaptativo remoto de privação emocional.

Em contrapartida, pacientes que hipercompensam a privação emocional são muito exigentes e se irritam quando suas necessidades não são alcançadas. Alguns foram tratados com muita permissividade quando crianças; mimados materialmente, sem regras a cumprir. Muitas vezes, são adorados na sua infância por algum talento ou dom, desenvolvendo seu narcisismo. Como foram tratados com indulgência e privados de emoções, acham que seus desejos devem ser atendidos imediatamente sempre.

Em outro extremo, pacientes mais esquivos tornam-se solitários, evitando relacionamentos íntimos ou, no máximo, mantêm-se em relacionamentos muito frios e distantes. Outros pacientes, ainda, podem se tornar exageradamente carentes. Eles expressam tanta necessidade de atenção e amor que acabam muito apegados ou desamparados. Têm inúmeras queixas físicas pois assim recebem atenção especial. Esse é o caso dos histriônicos.

Com Natália não foi diferente. O primeiro passo foi preencher o Inventário Multimodal da História de Vida para eu ter uma visão panorâmica da sua realidade subjetiva. O segundo foi fazer o Questionário de Esquemas de Young para eu poder traçar uma estratégia de tratamento. Nesse caso foi preciso explicar o porquê de suas atitudes. Dar as bases esquemáticas para que ela pudesse retomar o controle da sua vida. O perdão aqui entrou na cena atual. Era preciso que Natália entendesse que a sua própria frieza afastava o marido. Colocando-se no lugar de Paulo, ela pode perdoá-lo e mudar seu comportamento para que a resposta de seus atos fosse mais satisfatória. O diário de bênçãos (*Counting Blessing*)[16], no qual descreve, todas as noites, três coisas boas que aconteceram durante seu dia, também funcionou muito bem para tirá-la do fundo do poço. Ela

---

16 EMMONS, R. A.; McCULLOUGH, M. E. Counting Blessings versus burdens. An experimental investigation of gratitude and subjective well-being in daily life. Journal of Personality and Social Psychology, 84, 377-389, 2003.

conseguiu levantar o olhar para ver o que estava acontecendo de bom ao seu redor. Atualmente, tem um relacionamento com muitas emoções positivas com seu marido e, ao pesquisarmos sobre seus talentos, descobrimos que ela pode se tornar uma excelente psicóloga. Tem muitos atributos para isso. Matriculou-se e já está no quinto período de Psicologia em uma faculdade pertinho da sua casa.

Esses casos são ilustrações de como o perdão entra, segundo a minha perspectiva, para o centro da cena terapêutica. Não sigo os 14 passos sugeridos por Rashid e Seligman. Insiro a Psicologia Positiva na Terapia do Esquema e potencializo as duas, ajudando no florescimento de quem procura tratamento. Orgulho-me de dizer que, depois de escolher atuar com essas duas potências teóricas, a minha clínica mudou. Em pouco tempo, consigo fazer com que os sujeitos sofredores aumentem seu nível de emoção positiva, engajamento, sentido, realização e relacionamentos positivos.

A IMPORTÂNCIA DE UMA BOA INFÂNCIA

Independentemente da linha da Psicologia na qual pautamos nossas leituras e conduções clínicas, é notório saber que pais e cuidadores são fundamentais na formação de um indivíduo. A Terapia do Esquema também enfatiza essa importância. É nessa relação parental que podemos desenvolver ou não altos níveis de resiliência para lidar com as dificuldades da vida[17]. Ter pais ou cuidadores que atendam às necessidades infantis, tanto as materiais quanto as afetivas, é fundamental para uma boa formação individual.

Diferentemente do adulto, crianças e adolescentes nem sempre conseguem reagir às deficiências demonstradas por seus pais ou cuidadores. E esse estresse precoce, causado por negligência ou até mesmo violência, pode gerar sequelas psicológicas que aumentam significativamente as chances de esses meninos desenvolverem comportamentos psicopatológicos na vida adulta[18].

---

17 WEINER, R. O Desenvolvimento da Personalidade e suas Tarefas Evolutivas. In Terapia Cognitiva Focada em Esquemas. Integração em Psicoterapia. Porto Alegre: Artmed, 2016.
18 MARTINS, C.M.S.; TOFOLI, S.M.C.; BAES, C.V.W.; JURUENA, M. Analysis of the occurrence of early life stress in adult psychiatric patients: A systematic review. Psychology&Neurocience, 4 (2), 219-227. Disponível em <http://dx.doi.org/10.3922/j.psns.2011.2.007.

Percebemos aqui, com os exemplos clínicos, que os esquemas são originados precocemente na vida do indivíduo[19]. Eles estabelecem estruturas estáveis e duradouras na personalidade que fazem com que o sujeito crie crenças e cognições que desencadeiam reações emocionais e comportamentais. Observamos o quanto determinados padrões comportamentais e afetivos vão se repetindo na vida do indivíduo, inconscientemente, causando problemas caracterológicos[20], difíceis de serem caracterizados como sintomas.

Os problemas caracterológicos, para Young[21], parecem fazer parte da personalidade do indivíduo. Por exemplo, uma paciente com agorafobia[22] pode até ser tratada com técnicas cognitivo-comportamentais, com programas de treinamento de respiração, questionamento de pensamento catastrófico ou exposição gradual a situações fóbicas. No entanto, se essa paciente tiver algum problema causado por um esquema de vulnerabilidade ou dependência/incompetência, ela voltará a ter os sintomas, pois o que baseia o medo difuso de sair de casa é uma fragilidade marcada em sua personalidade desde pequena. O que precisa ser tratado, segundo a abordagem de esquemas, é a estrutura subjacente da sua personalidade. Isto é o que é chamado de problemas caracterológicos. Eles são difusos, mas parecem constituir o que o sujeito é.

O método proposto por Young auxilia o paciente e o terapeuta a entender esses problemas crônicos. Pela compreensão da formação dos esquemas na infância ou adolescência, o paciente começa a perceber esses problemas caracterológicos como egodistônicos e a se capacitar para abrir mão deles.

Paciente e terapeuta criam uma aliança para combater os esquemas, utilizando estratégias cognitivas, afetivas, comportamentais e interpessoais. O paciente ao repetir padrões de comportamento disfuncionais, pautados em seus esquemas, e o terapeuta tem como função mostrar,

---

19 YOUNG, J.E. (2003) Terapia Cognitiva para transtornos da personalidade: Uma abordagem focada em esquemas. (3. ed.). Porto Alegre: Artmed.
20 São dificuldades crônicas que parecem fazer parte da personalidade do indivíduo. Young, Jeffrey, 2008, Op. Cit.
21 YOUNG, J. 2008, Op. Cit.
22 Medo ou ansiedade de usar transporte público, permanecer em espaços abertos, permanecer em locais fechados, permanecer em uma fila ou ficar em meio à multidão, ou sair de casa sozinho. Fonte: DSM-V. AMERICAN PSYCHIATRIC ASSOCIATION. DSM-5: manual diagnóstico e estatístico de transtornos mentais. 5. ed. Porto Alegre: Artmed, 2014. P. 217-222.

como um drone, que olha a situação de cima, numa perspectiva mais ampla, que ele pode mudar. E é por meio da "recuperação parental limitada" que o terapeuta fornece um antídoto parcial às necessidades que não foram atendidas adequadamente na infância.

No meu caso, uso a Terapia do Esquema para entender as tais necessidades que não foram atendidas na infância ou adolescência do indivíduo, e trabalho o perdão para fazer o adulto de hoje compreender que os traumas causados no passado podem ficar lá e não pautar a sua existência atual. Uso como estratégia de perdão fazê-los se colocar no lugar dos pais disfuncionais, que, provavelmente, também não tiveram chance de ser melhor do que foram. Desfazer a mágoa que, na maioria dos casos, está banhando as relações parentais é minha função como psicoterapeuta que coloca as lentes da Psicologia Positiva para olhar o ser humano. Com essa proposta, o conduzo para uma vida mais produtiva e feliz, com alta probabilidade de florescimento pleno.

O PERDÃO AOS PAIS

No capítulo anterior, demonstrei como Psicologia Positiva e Terapia do Esquema se completam e se harmonizam. Com alguns casos, exemplifiquei como o perdão é trabalhado na clínica. Neste capítulo, falarei sobre o que pode originar um esquema e trabalharei a ideia de perdão pulverizado no processo psicoterapêutico.

Nascemos dependentes, com o sistema nervoso central imaturo, e por isso precisamos do outro para nos alimentar, limpar, dar afeto, promover um bom ambiente. Se não for assim, sucumbimos. Todo bebê humano precisa desses cuidados para um bom desenvolvimento biopsicossocial. No entanto, o que percebemos no consultório é que, muitas vezes, quem deveria cuidar não consegue ser "suficientemente bom", como diria Winnicott[1], e peca por negligência, falta de amor e, até mesmo, violência. Os excessos também são considerados prejudiciais, visto que a criança fica sem parâmetros e não consegue reconhecer os limites necessários para uma boa existência e também não alcança a autonomia fundamental para um bom desenvolvimento individual. Pais ou cuidadores negligentes ou excessivos promovem pessoas com alta probabilidade de desenvolverem sintomas e transtornos de personalidade gravíssimos quando adultos.

---

1 LOBO, S. As condições de surgimento da "Mãe Suficientemente Boa". Disponível em http://pepsic.bvsalud.org/scielo.php?script=sci_arttext&pid=S0486-641X2008000400009 Acesso em 15/05/2017.

A ORIGEM DO ESQUEMA

Para Young[2], as más experiências vividas na infância e adolescência dão origem à formação básica dos esquemas desadaptativos remotos. São basicamente quatro condições que estimulam essa aquisição. A primeira é a frustração nociva das necessidades, quando o ambiente não favorece estabilidade, compreensão e amor. Essa condição causa esquemas de privação emocional e abandono. A segunda condição é o trauma, que acontece quando a criança é vítima de abusos físicos e psíquicos. Nesse caso, o esquema a ser formado pode ser o de desconfiança/abuso, defectividade/vergonha ou vulnerabilidade ao dano ou à doença. A terceira condição é um excesso de experiências boas, quando os pais não dão limites e tratam a criança com indulgência, favorecendo a formação de esquemas de dependência/incompetência ou arrogo/grandiosidade. A quarta e última condição que favorece a formação de esquemas é a internalização ou identificação com pessoas importantes. Mas o que define, de fato, como uma criança reagirá a essas condições é algo que a Ciência hoje define como temperamento.

Portanto, nosso desenvolvimento é um processo longo, que ocorre durante toda a vida. É resultado de uma interrelação complexa de fatores biológicos, psicológicos, culturais e ambientais[3]. Somos produto de mudanças que acontecem ininterruptamente, desde a concepção até a morte[4]. A questão é que o que é suficientemente bom para uma criança pode não ser para outra e o que trazemos como carga genética comportamental e emocional nos marca durante toda a existência. Percebemos isso quando olhamos duas criaturinhas criadas pelo mesmo pai e pela mesma mãe, nos mesmos moldes: eles sempre irão ter necessidades diferentes e reações diferentes ao ambiente. Esse marcador é o temperamento.

O temperamento funciona como marcador biológico que interage com os eventos dolorosos da infância e definem se um indivíduo formará ou não um esquema desadaptativo. Duas crianças, submetidas às mesmas condições, poderão reagir de forma diferente na vida, pois é o tempera-

---

2 YOUNG, J. et al. Terapia do Esquema. Guia de Técnicas cognitivo-comportamentais inovadoras. Porto Alegre: Artmed, 2008.
3 CARVALHO, M. V. P. O desenvolvimento motor normal da criança de 0 a 1 ano: orientações para pais e cuidadores. Disponível em http://web.unifoa.edu.br/portal_ensino/mestrado/mecsma/arquivos/37.pdf Acesso em 15/05/2017.
4

mento que dará a base determinante para as reações do indivíduo[5]. Ele funciona como uma tendência geneticamente herdada que pode ser amplificada ou reduzida, expressa ou encoberta, mas sempre pautará a base do comportamento[6].

Young[7] ressalta que as bases temperamentais são amplamente inatas e relativamente imutáveis, mas podem ser tratadas por Psicoterapia. A seguir, as dimensões do temperamento emocional ressaltadas por ele.

Labilidade	Não Reativo
Distímico	Otimista
Ansioso	Calmo
Obsessivo	Distraído
Passivo	Agressivo
Tímido	Sociável

Young, 2008

Trocando em miúdos, podemos dizer que uma criança que tem um temperamento mais otimista reage às atrocidades da vida com muito maior capacidade de resiliência que as que são distímicas. Crianças agressivas também, por outro lado, podem provocar reações dos pais muito mais contundentes do que as crianças com um temperamento passivo, estimulando em seus cuidadores uma agressividade maior. Os tímidos também tendem a criar uma dependência muito maior do cuidador que os mais sociáveis. É nessa medida que o temperamento é absolutamente determinante para a formação dos esquemas desadaptativos remotos.

Apesar de ser considerado um marcador biológico para as reações, Young[8] considera que o temperamento pode ser alterado pelo ambiente. Por exemplo, uma criança ansiosa pode ser acalmada por uma mãe amorosa e passificadora. Ou uma criança distraída pode ser estimulada a se concentrar, caso seus cuidadores observem seus interesses de fato e apresentem situações que despertem seu desejo de atenção.

---

5 WAINER, R. O Desenvolvimento da Personalidade e suas Tarefas Evolutivas. In Terapia Cognitiva Focada em Esquemas. Integração em Psicoterapia. Porto Alegre: Artmed, 2016.
6 LOCKWOOD, G.; PERRIS, P. A new look at core emotional needs. In M.F. van Vreeswijk, J.Broersen & M. Nadort (Eds.), The Willey-Blackwell Handbook of Schema Therapy: Theory, Research and Pratice (pp. 41-66). Malden: Willey-Blackwell.
7 YOUNG et al. 2008, p. 26.
8 YOUNG, J. Op. cit., 2008.

Mas por que me interessa dar esse recorte na teoria quando falamos de perdão? Simplesmente porque são inúmeros casos que aparecem no consultório de pessoas marcadas por infância sofrida, com pais negligentes, indulgentes e até mesmo abusadores. Mesmo sem saber, em quase todos os casos há uma mágoa profunda em relação aos parentes que não conseguiram dar o necessário para a formação de um indivíduo completo e autônomo. É preciso perdoar para se livrar das marcas indeléveis que talharam o adulto sofredor de hoje.

Mariana procurou meu consultório aos 18 anos de idade absolutamente insegura, com baixa autoestima e isolada do mundo. Não conseguia se relacionar com as amigas e também não sabia como se comportar diante dos meninos que a atraíam. De temperamento ansioso e ao mesmo tempo passivo, não reagia positivamente e não era assertiva quando a vida a obrigava a se posicionar. Seus encontros "amorosos" eram absolutamente constrangedores, pois estava sempre na expectativa de ser traída pelos meninos ou por suas amigas. Nascida em uma família de classe média alta, era levada pela mãe, quando tinha apenas cinco anos de idade, para "perseguir" seu pai nas incursões amorosas que ele fazia com sua amante. Era também "obrigada" a ouvir sua mãe se lamentando e se vitimizando pelo casamento fracassado que mantinha. Mariana, então, criou um ódio velado pelo pai e, adulta, não conseguia manter uma relação positiva com ele, apesar de Geraldo se esforçar infinitamente por uma convivência amorosa e pacífica com sua filha.

Mariana desenvolveu um esquema de desconfiança e abuso. Ela acreditava que, a qualquer momento, poderia ser traída por qualquer um. Sentia-se também envergonhada e defectiva, visto que sua mãe, ao invés de lhe proporcionar bases seguras para um desenvolvimento tranquilo, pautado nas qualidades que ela trazia como potência, se ocupou de jogar todo "lixo" subjetivo e emocional em cima de uma menina que ainda não era capaz de lidar com isso. O processo terapêutico se desenvolveu no sentido de promover o perdão, tanto para a mãe, fraca, dependente e equivocada, quanto para o pai, que, de certo modo, agia com a cumplicidade da mulher, que mesmo sabendo que ele a traía permanecia na relação por mera dependência financeira.

Atualmente, Mariana é uma mulher saudável. Trabalha na empresa do pai, tem um relacionamento amoroso pautado no respeito e na admiração mútua e se relaciona com compaixão com a sua mãe. Entende que ela não pôde fazer diferente, devido às suas bases frágeis da infância. Em uma das nossas últimas sessões me disse o seguinte: "Ainda bem que consegui perdoar os meus pais. Hoje, percebo o quanto a minha mãe é cúmplice do meu pai e como eu não tenho nada a ver com isso". O processo de perdão, de certo modo, foi pulverizado na relação terapêutica e Mariana entendeu que ela não era responsável pela condição "amorosa" que seus pais decidiram viver. O perdão aqui funcionou como libertador para que ela pudesse viver uma vida plena de sentido e realização. Atualmente está formada, tem uma rede social forte e mantém um relacionamento amoroso saudável.

A FORMAÇÃO BIOLÓGICA DOS ESQUEMAS

Young define um esquema como um "conjunto de memórias, emoções, sensações corporais e cognições que giram em torno de um tema de infância"[9] ou adolescência. Diz também que essas impressões desencadeiam reações emocionais e corporais que estão relacionadas a elementos biológicos. Ele pauta a sua teoria nas pesquisas realizadas por Joseph LeDoux[10] e propõe hipóteses sobre os mecanismos neurais relacionados à formação biológica dos esquemas.

Quando uma pessoa encontra situações parecidas com as que contribuíram para a formação de esquemas, algumas emoções e sensações corporais são ativadas inconscientemente, e ela se comporta de maneira anacrônica, reativando algo que estava em seu sistema amigdaliano. Esse circuito de rede cerebral, associado ao condicionamento do medo e do trauma proposto por LeDoux, é utilizado por Young para justificar a formação dos esquemas e ativação deles posteriormente.

---

9 YOUNG et al. Op cit. 2008, p. 40.
10 LEDOUX, J. The Emotional Brain: The Mysterious Underpinnings of Emotional Life. New York: Simon & Schuster, 1996.

LeDoux ancora seus achados na teoria do cérebro trino de Paul MacLean[11]. Segundo MacLean, nós humanos temos um cérebro dividido em três unidades funcionais, cada uma delas representando um extrato evolutivo no nosso sistema nervoso. O primeiro nível da nossa organização cerebral é chamado por ele de cérebro reptiliano ou R-complex, e é formado pela medula espinhal e pelas porções basais do prosencéfalo. É responsável apenas por reflexos simples e responde pelas funções básicas essenciais como digestão, sono, respiração e batimentos cardíacos.

A segunda camada cerebral, chamada de cérebro emocional, comum a todos os mamíferos inferiores, é responsável por controlar nosso comportamento emocional. Ele abriga nossos sentimentos de prazer associados ao sexo, à alimentação e à memória. Nele se situam o tálamo, o hipotálamo a amígdala e o hipocampo. Importante destacar aqui que é a amígdala cerebral que irá determinar quais lembranças serão armazenadas com base na reação emocional que uma experiência pode provocar.

A terceira camada, chamada de cérebro racional ou neocórtex, é, segundo a teoria de MacLean, a que diferencia o homem dos demais animais. É apenas pela presença dessa porção cerebral que o homem é capaz de desenvolver o pensamento abstrato e as invenções necessárias para a nossa evolução. É a camada mais evoluída do cérebro, lugar da consciência e do raciocínio lógico.

Interessa-me aqui falar da amígdala, que fica na segunda camada cerebral, faz parte do sistema límbico e é responsável pelo armazenamento da memória emocional[12]. Segundo Daniel Goleman[13], as descobertas de LeDoux a respeito da arquitetura do cérebro podem ser consideradas as mais impressionantes sobre emoções. Ele diz que a amígdala tem posição privilegiada no cérebro, o que faz com que ela atue como uma sentinela emocional, capaz de comandá-lo. Funciona como um alarme de uma empresa, onde operadores estão a postos para chamar o corpo de bombeiros, polícia e vizinhos, sempre que o sistema de segurança interno der sinal de perigo.

---

11 MACLEAN, P. The Triune Brain in Evolution: Role in Paleocerebral Functions. Springer Science & Business Media, 31/01/1990
12 MEGA et al. The Limbic System: anatomic, phylogenetic and clinical perspective. Journal of Neuropsychiatry Clinical Neuroscience, 9 (3), 315-330. Disponível em http://dx.doi.org/10.1176/jnp.9.3.315. Acesso em 16/05/2017.
13 GOLEMAN, D. Inteligência emocional – a teoria revolucionária que redefine o que é ser inteligente. Editora Objetiva, 2012.

Durante uma situação traumática, dois sistemas diferentes são envolvidos. O primeiro, que se refere ao hipocampo e a áreas relacionadas ao neocórtex, responsáveis pelo pensamento e pela razão, e o outro que se refere ao sistema amigdaliano. Enquanto o primeiro armazena a memória cognitiva, o segundo armazena a memória emocional. Por exemplo, diante de uma cena traumática, o fato em si, desprendido do afeto, fica registrado no neocórtex, lugar da razão, enquanto a emoção causada por ele fica registrada na amígdala. Qualquer evento parecido com o fato que causou o trauma pode trazer à tona as mesmas emoções vividas no momento difícil.

Rafael viveu diversas situações traumáticas na infância. Quando criança, não conheceu o pai, e cresceu em uma casa muito pobre com sua mãe, avô e duas tias. De família nordestina e muito religiosa, era criado com muito rigor moral e violência física. A sua criação e desenvolvimento ocorreram com base em ameaças e medo. Um dia, quando ele tinha nove anos de idade, seu pai, que nunca o vira, mandou recado dizendo que ia encontrá-lo na saída da escola. Rafael esperou por três horas, sentado na calçada, e ele nunca apareceu. Dois registros de memória ocorreram ali. Um emocional, impresso na amígdala, e o outro, cognitivo, registrado na memória racional. Já adulto e por muito tempo, quando precisava aguardar por alguém, ele tinha uma sensação estranha, uma infinita angústia e profunda raiva. Essa emoção havia sido registrada em sua memória emocional. Em contrapartida, podia lembrar-se do dia do acontecimento e não se emocionar. Para LeDoux, essa é a prova que os dois sistemas, emocional e racional, podem conviver paralelamente, sem nunca se encontrar. Segundo Young[14], quando um esquema é ativado, o indivíduo é inundado por emoções e sensações corporais. Ele pode ou não conectar conscientemente essas emoções e sensações à memória original. O papel do psicoterapeuta também é ajudá-lo a fazer essa conexão.

Privado de tantas formas, violentado pelas tias, ofendido pela mãe, Rafael criou diversos esquemas, no entanto, o que mais o impedia de evoluir e impossibilitava a sua cura era o fato de não perdoar. Ele não perdoava o pai, por tê-lo abandonado, não perdoava a mãe por ter escolhido

---

14 YOUNG et al. Op cit. 2008, p. 41.

o pai e não perdoava o avô nem as tias por não terem podido suprir suas necessidades. Sofria com uma raiva imensa de tudo e de todos. O processo terapêutico seguiu dois protocolos: o primeiro deles se pautava na necessidade de fazer o Rafael reconhecer seus esquemas e superar seus traumas, fazendo-o desocupar o lugar da vítima. O perdão aqui foi central, era preciso que ele reconhecesse que sua família não tinha condições de agir diferente devido às muitas limitações que passaram, tanto materiais quanto afetivas. Eles só sabiam agir daquela forma. O segundo foi potencializá-lo, o conduzindo na busca de si mesmo, das suas qualidades com as técnicas oferecidas pela Psicologia Positiva.

Os casos de Rafael e Mariana ilustram como o perdão pode funcionar como um facilitador na cura dos esquemas causados por relações parentais disfuncionais, pois os transtornos caracterológicos repetem a dor que foi impressa na amígdala e fazem com que o trauma seja ressentido a cada instante, a cada momento, perpetuando pensamentos, emoções, comportamentos e relacionamentos disfuncionais e impedindo o florescimento individual.

O PERDÃO NOS RELACIONAMENTOS AMOROSOS

Martin Seligman ressalta a importância dos relacionamentos positivos para que o indivíduo atinja o pleno florescimento. Contrariando Sartre[1], ele diz que o inferno não são os outros: "As outras pessoas são o melhor antídoto para os momentos ruins da vida e a fórmula mais confiável para os bons momentos"[2].

Para John Cacioppo, neurocientista social, "a solidão é uma condição tão debilitante que nos obriga a acreditar que a busca de relacionamentos é um fundamento básico para o bem-estar humano". Ele vai além e diz que ser sozinho faz tão mal para a saúde quanto fumar[3]. Em pesquisa realizada com outros cientistas na Universidade de Chicago, Cacioppo provou que a solidão também afeta o modo como o cérebro funciona. Eles observaram que o estriato ventral, área muito importante envolvida no processo de aprendizagem, é mais ativada em pessoas que se relacionam amorosamente. Conclui-se daí que, enquanto seres sociais, precisamos estar em contato com outras pessoas.

---

[1] Jean Paul Sartre, filósofo e escritor francês, dizia que somos a conseqüência das nossas escolhas, no entanto nossos projetos pessoais, muitas vezes, entram em conflito com o projeto da vida dos outros, por isso somos furtados em nossa plena autonomia. É pelo olhar do outro que reconhecemos nossos erros e acertos. É esse olhar que impõe nossas fraquezas. Por isso os outros são o "inferno". Essa é a origem da célebre frase: "O inferno São os Outros".
[2] Seligman. M. Florescer, Uma nova compreensão sobre a Natureza da felicidade e do bem-estar. Rio de Janeiro, Objetiva, 2011
[3] Fonte site BBC Disponível em <http://www.bbc.com/portuguese/noticias/2009/02/090217_solidaodanocerebro_mv.shtml> Acesso em 18/05/2017.

Mas a que tipo de relação nos propomos quando nos aproximamos de alguém? E como o perdão pode contribuir para relações mais saudáveis?

Os relacionamentos positivos são um dos cinco elementos básicos do bem-estar na teoria construída por Seligman[4]. No entanto, muitas vezes nos relacionamos de forma negativa com nossos pares, principalmente no que se refere ao amor romântico. Confundimos tudo: dependência emocional com afeto genuíno, dependência financeira com paixão, e azedamos relações que poderiam servir para nosso aprimoramento pessoal. Confunde-se também perdão com complacência ou permissividade. John Gottman[5], matemático e pesquisador da Psicologia, estudou, por 40 anos, o que pode fazer o amor durar. Concluiu em uma das suas pesquisas que para um casamento se tornar forte e amoroso é preciso que haja uma razão de cinco afirmações positivas para cada afirmação negativa que se faz ao cônjuge. Ou seja, caso ofenda seu parceiro ou parceira uma vez, é preciso que se faça cinco elogios sinceros para que a relação não fique prejudicada. Ele assevera também que uma razão de 2,9:1 significa que o casal está indo rumo ao divórcio. E, atenção, se a equação for 1:3, ou seja, um elogio para três ofensas, o par romântico estará caminhando para a catástrofe total. Mas o que é o amor? Ele sempre esteve presente no casamento?

O fato é que a ligação entre casamento e amor se transformou ao longo dos séculos. Até o século XVIII, não se relacionava esse sentimento nobre ao matrimônio[6]. O sentimento amoroso só era vivenciado nas relações adúlteras e as relações sexuais matrimoniais não eram para obter prazer, mas exclusivamente para a reprodução. Da Antiguidade à Idade Média, o casamento era negócio de família e tinha como função principal manter uma organização econômica. Os nubentes não eram importantes nessa negociação. O que eles sentiam, então, muito menos. Segundo Ariès[7], as grandes mudanças no que se refere ao amor no casamento se iniciaram na Modernidade. Essa nova configuração sugere que os pares se amem e que sejam felizes juntos. Essa mentalidade acabou trazendo duas questões

---

4 Seligman, M. Op. Cit. 2011, p. 34.
5 GOTTMAN, J. O que faz o amor durar.
6 ARAÚJO, M.F. Amor, Casamento e Sexualidade: Velhas e novas configurações. Disponível em http://www.scielo.br/scielo.php?script=sci_arttext&pid=S1414-98932002000200009 Acesso em 18/05/2017.
7 ARIÈS, P. O amor no casamento. Em Ariès, P. e Béjin, A.(Orgs) Sexualidades Ocidentais (pp.153-162). São Paulo: Brasiliense, 1987.

importantes: a primeira é a idealização do par perfeito e a segunda, consequentemente, é o desequilíbrio entre as expectativas e as desilusões.

Atualmente, vivemos em um contexto em que se espera muito mais das relações que chamamos de amorosas. O casamento tradicional, que era regido pela dominação masculina, deu lugar a uma nova forma de relação onde a mulher preza por direitos iguais e onde deve haver uma negociação constante. Os valores que estão no cerne das relações atuais são a amizade, a admiração e o companheirismo, onde o perdão, divinamente humanizado, deve ocupar a cena, havendo ou não a manutenção do enlace amoroso.

Muitos desentendimentos ocorrem porque há uma tendência à amplificação das qualidades do parceiro no início de um idílio amoroso. Há uma ilusão de que se pode corrigir "pequenos defeitos" e tornar o outro objeto de nosso desejo. No entanto, com o decorrer da relação, a paixão, que tem prazo de validade, vai evanescendo e com ela a fantasia de completude. A palavra paixão vem do latim *passio* e significa "sofrimento, ato de suportar". Somente no século XIV passou a ser utilizada para expressar uma forte emoção ou desejo. Mais tarde, começou a ser empregada como sinônimo de entusiasmo e predileção[8]. Essa alteração da química cerebral causada pela paixão faz com que o sistema límbico fique alterado, causando uma distorção da visão do parceiro escolhido. O sujeito apaixonado, então, não enxerga defeitos e sente uma onda de prazer enorme ao entrar em contato com o objeto de seu desejo.

Segundo Cibele Fabichak[9], mestre em Fisiologia, a paixão é um estado fisiológico, com sintomas psíquicos e físicos em que há uma intensa atividade cerebral e hormonal muito semelhante à do vício da cocaína, por exemplo. Por isso, o julgamento crítico, o discernimento e a razão em relação ao parceiro são reduzidos. Esse estado alterado de percepção dura, no máximo, quatro anos (de 12 a 48 meses). Depois, as coisas vão tomando um contorno mais realista e surge a necessidade de construção de uma nova relação. Para Fabichak, o "processo amoroso" é composto por três fases. A primeira delas corresponde ao desejo, à luxúria e é regida pela busca

---

8 Fonte: http://www.sitedecuriosidades.com/curiosidade/a-origem-da-palavra-paixao.html Acesso em 18/05/2017.
9 FABICHAK, C.. Sexo, amor, endorfinas e bobagens. São Paulo: Novo Século, 2010.

da satisfação sexual, quando hormônios, principalmente a testosterona, comandam a cena. Nesse estágio, a elaboração emocional fica em segundo plano. A segunda fase é pautada pelo amor romântico, em que a atração física e sexual é marcada por uma cascata de substâncias: noradrenalina, endorfina, serotonina, testosterona, estrógeno e progesterona ocupam o lugar. Nesse momento, a racionalidade também é deixada de lado. Finalmente, na terceira fase a oxitocina na mulher e a vasopressina no homem entram em cena para favorecer o vínculo maior e mais duradouro.

É importante ressaltar que essas três fases do amor podem não acontecer nessa ordem e nem com a mesma pessoa. Somos humanos e não máquinas programadas para funcionar sem erros. Pode ser que essa comoção corporal aconteça com pessoas diferentes. Por exemplo: é possível que se tenha um vínculo muito forte com o cônjuge e sentir, simultaneamente, desejo por um colega da faculdade e ficar apaixonada pelo vizinho.

A paixão tem prazo de validade. Isso porque o cérebro não suporta por muito tempo esse turbilhão hormonal. Isso é biológico. Mas, para construir relacionamentos verdadeiramente positivos, não podemos nos deixar levar pela fisiologia da paixão. É preciso filtrar as emoções causadas pelos hormônios com nossa racionalidade, pois é ela que nos dá a competência de construir amores por toda a nossa existência. Trabalhar nosso pensamento de maneira saudável é a saída para amenizar os efeitos da tempestade hormonal trazida pelo fato de apaixonar-se.

Não podemos esperar que o outro corresponda às nossas expectativas. É preciso tirar as travas dos olhos e considerar os defeitos dos nossos pares e perdoá-los por não serem perfeitos. A pergunta exata que podemos nos fazer é a seguinte: eu posso perdoá-lo por não ser quem eu espero? Eu posso e quero conviver com os "defeitos" que meu par amoroso tem? Não podemos esquecer também que indissolúveis eram as relações pautadas por outros interesses que não a construção amorosa. Atualmente, podemos escolher conviver ou não com nossos parceiros, que vez por outra se tornam agressivos e violentos.

Os consultórios de Psicologia estão abarrotados de reclamações sobre as relações que muitas vezes são chamadas de amorosas, mas que deveriamos batizar com outro nome. Desrespeito, falta de afeto, de admiração banham a convivência, mas mesmo assim algumas pessoas insistem em permanecer juntas. Muitas vezes, não perdoam seus agressores, continuam a conviver com eles. Noutras, decidem se separar, mas liberam o perdão com facilidade. A seguir, alguns casos para exemplificar decepção no amor.

RECONCILIAÇÃO SEM PERDÃO

Daniela passava por isso. Estava cansada dos relacionamentos extraconjugais do marido, mas entendia, porque era católica, que o casamento tinha que ser indissolúvel. Viviam um verdadeiro inferno. Carlos Alberto não nutria o menor respeito por ela, a chamava de baleia rosa e usava chacotas para humilhá-la na frente dos amigos. Ela era um pote cheio de mágoas. Definitivamente, a cola que unia os dois não era o amor.

Quando chegou ao consultório, arrasada, despotencializada, se sentindo um lixo, começamos a conversar sobre as bases que sustentavam aquela relação. Obviamente que fizemos o Inventário Multimodal da História de Vida de Lázarus, depois apliquei o Questionário de Esquemas para me certificar sobre o que a fragilizava. Depois de um processo de psicoeducação, quando os terapeutas que trabalham com esquemas explicam toda origem esquemática, iniciou um processo de reflexão e compreendeu que o que estava baseando seu relacionamento com Carlos Alberto era o seu esquema de dependência/incompetência. Agora o processo poderia ser mudado.

Desde criança foi superprotegida por seus pais. Em dias de trabalho na escola, a mãe rapidamente se adiantava para cumprir o que era dever da filha. Seu pai, absolutamente submisso à mãe superprotetora, não deixava faltar nada. Desejou, falou, ganhou. Daniela não aprendeu a ser autônoma. Quando se casou transferiu a responsabilidade pela sua subsistência para Carlos. E, mesmo percebendo que o amor não era mais suficiente para manter a relação, ela insistia. Carlos, por seu turno, não tinha coragem de abandoná-la, pois, afinal de contas, prometeu ao pai dela e a toda a família que o casamento seria para sempre. Caos estabelecido. O marido a traía, ela admitia, dizia que perdoava suas traições, mas continuava atrelada à dor e todas as vezes que se desentendiam ela o acusava de ser um abusador. O que ela fazia não era perdoar.

Foi preciso, nas sessões com Daniela, limpar o conceito de perdão. Dizer para ela que perdão não se confunde com reconciliação e que, inclusive, ela podia perdoar e não mais conviver com ele. Podia escolher. Ela precisou também entender que seu esquema de dependência/incompetência a fazia acreditar que sem o Carlos ela morreria. É verdade, pessoas com esse tipo de esquema têm a impressão que não conseguirão viver sozinhas. Inocular em Daniela emoções positivas, fazer pesquisas e testes sobre suas qualidades humanas, como talentos e forças de caráter e treiná-la a respeito da sua capacidade de resiliência foi fundamental para a recuperação do seu bem-estar subjetivo. Estamos trabalhando com o objetivo de aumentar a sua autonomia e independência. Ela tomou coragem, se separou e, agora, cessou o sentimento de ódio que nutria por seu marido. Está no processo rumo ao perdão.

PERDÃO SEM RECONCILIAÇÃO

Fernanda conheceu Gilberto em uma festa de amigos. Ele, a princípio, pareceu o homem perfeito. Como dizia, "era o seu número". Tudo nele fazia palpitar o seu coração. Pequenos gestos gentis eram considerados grandes demonstrações de amor. Até o fato de ele chegar pontualmente aos encontros marcados – isso para ela era importante – era visto como sinal de um excelente caráter. Ele, para ela, era o homem perfeito.

Nos primeiros dois anos de relacionamento, o que sentiam era uma avassaladora paixão e o sexo era o que estava no centro da cena. Tudo era muito intenso. Os defeitos de Gilberto, para Fernanda, pareciam um charme a mais. No entanto, com o passar dos anos, a intensidade hormonal que baseava a paixão foi diminuindo e Fernanda começou a entender que Gilberto não era tão perfeito assim. Ele tinha defeitos, e muitos.

Em uma noite, estremecidos por uma situação absolutamente corriqueira, ele a agrediu fisicamente. Ela, decepcionada e absolutamente consternada, chamou a polícia e o denunciou. Relação rompida, amarguras para todos os lados. Meses depois, se reencontraram, conversaram sobre o ocorrido e decidiram que o melhor, para os dois, seria manterem-se separados. Ele já não a "completava" mais. Ela o perdoou. Entendeu que o problema maior daquela relação foi esperar um homem "perfeito" que ele não conseguia ser. Agora, são amigos. Ela está construindo uma relação amorosa mais realista com Alberto e ele, ainda sozinho, busca entender o que o fez ficar tão agressivo. Não existem mais ressentimentos entre os dois.

PERDÃO COM RECONCILIAÇÃO

Camila traiu seu marido. Depois de 25 anos de casados, ela conheceu Jorge e se sentiu apaixonada. Coração acelerava todas as vezes que ela pensava nele. Parecia uma adolescente. Sua relação com Heitor já não era a mesma. Ela não gostava mais de fazer amor com ele, não tinha mais o mesmo desejo de antes. Movida por esse sentimento avassalador, pediu o divórcio e foi viver com seu amante.

Heitor, ainda apaixonado por sua esposa, caiu em profundo desespero. Não queria abrir mão daquela que ele considerava a mulher da sua vida. Não desistiu um só instante. Com carinho, estava sempre presente quando Camila se aborrecia com Jorge e ocupou o lugar de seu melhor amigo. Ele perdoou sua ex-mulher pois entendeu que ela não era culpada por não amá-lo mais. Um dia, estimulado pelas sessões de terapia, decidiu escrever uma carta para ela, se responsabilizando por algumas atitudes que poderiam ter enfraquecido a relação dos dois. Dizia também que a perdoava, pois compreendia suas razões. Depois de dois anos, tendo os efeitos fisiológicos da paixão evanescido, Camila compreendeu que era com Heitor que ela, de fato, queria estar. Pediu perdão e esse já estava dado. Até hoje estão vivendo uma relação positiva, sustentada muito mais por sentimentos autênticos de amor que eles construíram juntos.

Neste capítulo tive a intenção de mostrar que o perdão pode ser concedido de várias maneiras. Não existem obrigatoriedades comportamentais para que se afirme: eu perdoei. O que é necessário em qualquer cena de perdão é a decisão e o estancamento do sentimento negativo de raiva contra a pessoa que ofendeu. A seguir, falarei sobre autoperdão, especificamente para condições ligadas à sexualidade em que o sujeito não consegue corresponder às expectativas do outro na sociedade em que vive.

O PERDÃO PARA A SEXUALIDADE

Nos capítulos anteriores, abordei o perdão na clínica com o olhar da Psicologia Positiva e a teoria da Terapia do Esquema no tratamento das dores da alma. Agora, tratarei da questão da sexualidade que causa, por muitas vezes, problemas psicológicos e emocionais profundos e, em alguns casos, difíceis de serem resolvidos. O autoperdão aqui é fundamental para pautar a cura e aumentar a qualidade de vida do indivíduo e de quem o cerca.

São muitas as pesquisas que indicam que a atividade sexual é um índice que mede a qualidade de vida das pessoas. A Organização Mundial da Saúde (OMS) também concorda com essa ideia, e vai além ao afirmar que é "uma abordagem positiva e respeitosa da sexualidade e das relações sexuais, bem como a possibilidade de ter experiências sexuais seguras e prazerosas, livres de coerção, discriminação e violência"[1]. Mas, por herança cultural e religiosa, muita gente ainda sofre por conta de seus desejos sexuais reprimidos, suas frustrações, seus temores, suas vergonhas e suas culpas.

---
1 SANTOS et al. Sexual e Reprodutiva: direitos e desafios em um mundo multicultural. Disponível em <http://livrozilla.com/doc/533727/sexual-e-reprodutiva--direitos-e-desafios-em-um.> Acesso em 25/08/2016.

A sexualidade faz parte da nossa vida e se desenvolve continuamente. Começa antes mesmo do nascimento e só se encerra com a morte[2]. Estão envolvidos na estruturação da sexualidade de cada um de nós aspectos biopsicossociais que abrangem potenciais biológicos, emoções, sentimentos, crenças e concepções desenvolvidas, ampliadas e modificadas durante todo o processo de socialização. Segundo Gherpelli[3], desde o aparecimento do homem na Terra, há a preocupação de se entender essa dimensão do ser humano, seja em sua vivência saudável, seja na patológica, normal ou desviante.

O Ministério da Saúde, em seus cadernos de atenção básica,[4] afirma que a partir de 1948 a Organização das Nações Unidas (ONU) vem realizando uma série de convenções internacionais para estabelecer estatutos comuns de cooperação mútua e mecanismos que garantam direitos considerados básicos para uma vida digna. Esses são os chamados Direitos Humanos. Eles devem ser universais e incluir pessoas de todas as classes sociais e culturas. Além do direito à vida, à alimentação, à saúde, à moradia, à educação, ao afeto, os direitos sexuais estão incluídos nessa cartilha. Desse modo, devemos respeitar a todos sem discriminação de classe social, cultura, religião, raça, etnia, ou orientação sexual. O Ministério da Saúde adverte que para que exista a igualdade de direitos é preciso respeito às diferenças. No entanto, ainda observamos, no que tange à sexualidade, muitas vezes, o próprio indivíduo, por estar banhado por uma cultura que o impede de ser livre, não admitir seus desejos.

Vários estudos científicos comprovam que ter atividade sexual aumenta o bem-estar físico e subjetivo do indivíduo. Um deles é desenvolvido no Brasil pela psiquiatra e sexóloga Carmita Abdo. Ela é coordenadora do projeto da sexualidade no Hospital das Clínicas da Universidade de São Paulo e afirma que pessoas que têm relações sexuais com regularidade conseguem equilibrar seus hormônios e estimular suas potencialidades, além de aumentar a autoestima e o ânimo para trabalhar e enfrentar os

---

2 Disponível em http://www.scielo.br/scielo.php?script=sci_arttext&pid=S1413-82712014000200007. Acesso em 02/05/2017.
3 GHERPELLI, M. H. B. V. (1995). Diferente, mas não desigual: a sexualidade no deficiente mental (2ª ed.). São Paulo: Gente.
4 Disponível em http://bvsms.saude.gov.br/bvs/publicacoes/saude_sexual_saude_reprodutiva.pdf. Acesso em 02/05/2017

problemas cotidianos. Segundo Abdo, "sexo faz bem para a vida e para o cérebro"[5].

Pesquisa realizada por cientistas do Brigham and Women's Hospital, afiliado à Escola de Medicina de Harvard, comprovou que homens que têm orgasmo uma vez por dia, ao menos, podem reduzir significativamente o risco de desenvolver câncer de próstata. O prazer sexual causado pelo ato traz também outros benefícios: o sujeito dorme melhor, impulsiona a sua imunidade e se protege contra doenças do coração. Eles afirmam que a forma como se ejacula não interfere no efeito. Pode ser com uma parceira, um parceiro ou mesmo sozinho[6].

Em relação às mulheres, cientistas da *Academy of Medical Royal Colleges* concluíram que sexo e dança são curas milagrosas. Trinta minutos de exercício diariamente – incluindo sexo, caminhar e dançar – reduzem em 25% o risco de se contrair câncer de mama. Diminuem também a probabilidade de doenças cardíacas em 40%, além de 30% na possibilidade de acidente vascular cerebral e demência[7].

Nos Estados Unidos, estudo provou que fazer sexo duas vezes por semana, no mínimo, ajuda a diminuir a incidência de diabetes e a pressão arterial alta. O *American Journal of Cadiology* garante que exercer a sexualidade ajuda a proteger o coração. A Universidade de Nova York diz que o sexo melhora o sistema imunológico, suprime a dor e reduz a enxaqueca. Na Inglaterra, Alemanha e França, pesquisadores provaram que "pessoas que praticam sexo com frequência vivem mais e correm menos risco de desenvolver câncer".[8]

O que isso tudo quer dizer? Que a culpa que pesa sobre as questões sexuais está muito mais ligada a aspectos ideológicos do que propriamente a questões internas do indivíduo. A cultura ocidental, que, por sua origem cristã, abomina a sexualidade, traz para o sujeito o peso de uma negação que culmina em doenças psíquicas e físicas, comumente irreversíveis. Muitas vezes, o sexo é visto como algo perigoso, imoral e, por isso, tem que ser alvo da repressão e

---
5 Disponível em http://g1.globo.com/globo-news/noticia/2016/01/psiquiatra-e-sexologa-carmita-abdo-fala-sobre-sexualidade--do-brasileiro.html. Visitado em 28/08/2016.
6 Disponível em https://oglobo.globo.com/sociedade/saude/um-orgasmo-por-dia-reduz-risco-de-cancer-de-prostata--em-22-18381641. Acesso em 02/05/2017.
7 Disponível em http://vilamulher.uol.com.br/sexo/sexo-frequente-previne-cancer-de-mama-e-prostata-m0315-700273-e-120.html. Acesso em 02/05/2017
8 LINS, R. N. Op. Cit.

do recalque, causando dores na alma com consequências no corpo. Queremos ressaltar aqui, neste capítulo, que os conflitos internos causados pela falta de perdão ao desejo podem ser apaziguados e até mesmo resolvidos, quando o indivíduo se autoperdoa e entende que seus supostos "desvios sexuais" são, na verdade, parte da natureza humana.

A ideia de culpa aliou-se à de sexualidade, a partir do momento em que o Cristianismo associou carne a pecado. Daí adveio a necessidade de perdão. Foi Paulo, "O apóstolo dos Gentios", quem levou a moral cristã e a conseqüente ideia de culpa para o cerne da cena cultural[9]. Apesar de não ter conhecido Jesus Cristo, Paulo pregava em seu nome, repetindo o que Ele havia dito e acrescentando o que achava correto. Também escrevia cartas que mais tarde foram consideradas sagradas. No centro do seu discurso estava o antissexualismo, que se tornou um refrão obsessivo no decorrer dos tempos. A partir de Paulo, a condenação à sexualidade só fez crescer. São Paulo e vários outros cristãos deixaram as mais duradouras impressões, em todas as ideias cristãs sobre a repulsa ao sexo.[10]

Paulo, de família abastada, oriundo de uma educação clássica, tinha como nome verdadeiro Saulo, pois provinha de uma família judia da diáspora. Era um cidadão romano que começou sua jornada perseguindo cristãos, mas converteu-se após uma visão do Cristo ressuscitado. Considerado, depois de Jesus, a figura mais importante dessa nova religião, fez do Cristianismo uma doutrina acessível e mudou o curso da História[11], criando argumentos profundos e convincentes a respeito do significado do Cristo.

Segundo Regina Navarro, "Paulo foi o inventor do Cristianismo, aquele que deturpou os ensinamentos de Jesus e os transformou em uma religião universal"[12]. Foi ele o responsável pelo irreversível corte entre Judaísmo e Cristianismo, o que levou a outro entendimento da supremacia divina. Os judeus ortodoxos se ofenderam quando ele pregou que Jesus era o próprio Deus.

Em suas pregações, Paulo insistia na oposição entre carne e espírito e salientava que a carne era a fonte principal de todo o pecado. Dizia que os homens deveriam permanecer celibatários, as viúvas castas e as solteiras vir-

---

9 LINS, R. N. O Livro do Amor, volumes I e II, Ed. Best Seller. 2012.
10 Le GOFF, J.; TRUONG, N. Uma História do Corpo na Idade Média. Ed. Civilização Brasileira, 2006.
11 Veyne, Paul. Quando nosso mundo se tornou cristão. Ed. Civilização Brasileira, 2010.
12 Lins, R. N., 2012. Op. cit. Vol. 1. Pag. 124-125

gens.[13] Não aceitava também o casamento, senão como um mal menor que também devia ser evitado. Ele dizia, por exemplo, que era um pecado no caminho da salvação, mas que era melhor casar-se do que arder em desejo. Era considerado mau tudo que fosse relacionado à carne. E o argumento era o de que a mulher (como um todo) e o homem (da cintura para baixo) eram criações do demônio[14].

O ato sexual tornou-se repulsivo, degradante, indecoroso e todo o prazer deveria ser evitado a qualquer custo. O horror à danação eterna, com todos os tormentos do inferno, era constante nas pregações dos novos cristãos. Regina Navarro Lins destaca que, para os pais da Igreja, o sexo era abominável: "uma experiência da serpente", "um sistema de vida repugnante e poluído"[15]. Assim, a nossa cultura desenvolveu horror ao sexo ou aos prazeres do corpo. Quem conseguisse resistir era considerado superior.

Para que não houvesse atração entre os cristãos puros, a falta de higiene se tornou pré-requisito para a salvação. São Jerônimo, por exemplo, afirmou que uma virgem adulta jamais deveria banhar-se. Na verdade, deveria envergonhar-se de ver sua própria nudez. O eremita Santo Abraão viveu 50 anos sem jamais lavar os pés e rosto. Santa Eufásia entrou para um convento com 130 freiras que nunca lavaram os pés e estremeciam à ideia de banho. Os piolhos eram chamados de "pérolas de Deus" e estar sempre coberto por eles era a marca da santidade. E assim a sujeira tornou-se virtude e qualquer coisa que tornasse o corpo mais atraente era considerado um incentivo ao pecado[16].

O repúdio e a atenção à sexualidade eram imensos. Até mesmo os mortos eram considerados sexuados e por isso um édito da Igreja ordenou que corpos femininos e masculinos não deveriam ser enterrados lado a lado. A aproximação só era possível quando os corpos estavam quase totalmente decompostos[17].

No fim do século III, era muito comum que homens e mulheres fugissem para o deserto, em busca da pureza sexual. Eles se afastavam de comunidades civilizadas a fim de viver uma vida monástica e ascética. Ocupavam grutas e

---

13 VAINFAS, R. Casamento, amor e desejo no Ocidente cristão. Ed. Ática, 1992.
14 LINS, R. N. Op. cit.
15 Lins, R. N. Op. cit. p. 125.
16 HUNT, M. M. História natural do amor. Ed. Ibrasa, 1963.
17 LINS, R. N. Op. cit. p. 151.

cabanas. Mas os mais devotos preferiam os poços secos, covis de feras, abandonados, ou até mesmo túmulos. Não se lavavam e exalavam um cheiro fétido. Na luta pela castidade, o cristão deveria se privar de necessidades básicas como sono, do conforto e da alimentação. Temendo a danação eterna, eles se flagelavam e se mortificavam com o propósito de expiar culpas ligadas ao desejo sexual[18]. Essa era uma forma inusitada de conseguir o perdão pelos instintos e pensamentos pecaminosos.

Regina Navarro Lins nos conta que um monge, "sabendo da morte de uma mulher que conhecera, esfregou seu manto no corpo em decomposição, para combater, com o terrível odor que exalava, a imagem atraente que lhe causava desejo"[19]. A volúpia era tanta que os celibatários ejaculavam involuntariamente, o que causava grande horror e frustração. Como consequência, aumentavam o grau de sacrifício do seu próprio corpo para compensar o pecado da luxúria. O contrário disso, a supressão da emissão de esperma, era visto como a verdadeira graça dos que atingiam a castidade.

Percebe-se que o Cristianismo veio para criticar os luxos e castigar prazeres que eram comuns na Grécia Antiga e em Roma. E, até hoje, carregamos essa culpa pela sexualidade quando ela não vem acompanhada do respectivo compromisso amoroso. A sexualidade, por ela mesma, ainda hoje é vivida como uma experiência de culpa a requerer perdão. Conscientemente ou não, homens e mulheres, possuidores de desejos sexuais normais, tornam-se obcecados pela culpa. Muitos renunciam à sexualidade e isso gera diversos conflitos. Acreditam que a imagem do corpo nu, experimentando prazeres sexuais, é obscena e nociva. Existe um medo absurdo de não se conseguir entrar no Reino dos Céus, caso se dê vazão aos desejos sexuais.

Na minha experiência em consultório, percebo o quanto questões sexuais mal resolvidas, principalmente as que se referem à homossexualidade, causam transtornos que se arrastam em todas as áreas de atuação do indivíduo. Muitas vezes as questões homossexuais latentes fazem com que o sujeito se relacione com pessoas que, de fato, não deseja ou que estruture a sua vida de modo que sua sexualidade não seja descoberta. Recebi em consultório um

---
18 LE GOFF, J. Uma longa Idade Média. Ed. Civilização Brasileira, 2008.
19 LINS, R. N. Op. cit. Pag. 151.

paciente com aproximadamente 60 anos de idade que se reconhecia homossexual desde sete, mas não podia assumir por questões familiares. Não queria decepcionar seus pais. Sentia-se culpado por não corresponder às expectativas dos outros. Ele andava de maneira rígida, contendo seus movimentos para que a sua sexualidade não se demonstrasse em seus trejeitos. Obviamente que depois de algum tempo de terapia foi fazer teatro e, atualmente, assume sua condição para todos, inclusive para sua família. Agora não precisa mais ficar preocupado em conter seus desejos sexuais.

O PERDÃO PARA A HOMOSSEXUALIDADE

A homossexualidade já foi considerada como um transtorno mental pela APA *(American Psychiatric Association)*. Em sua primeira versão publicada em 1952, o Manual Diagnóstico e Estatístico de Transtornos Mentais (DSM-I) considerou a homossexualidade como um "distúrbio sociopático da personalidade" e a manteve nessa categoria de condição desviante até 1973, quando por pressão de ativistas *gays*, com apoio de muitos psiquiatras, decidiu tirá-la dessa classificação. Oficialmente, no entanto, só em 1980, com a publicação da terceira edição do DSM, finalmente a homossexualidade não constava mais como uma patologia[20].

Essa consideração imprime, no inconsciente coletivo, um certo horror às questões que fogem da norma estabelecida pelo social, causando reflexos indeléveis em pessoas que, por condição, nascem com desejos diferentes do que o esperado pela comunidade em que vivem. Muita gente, atualmente, pensa que a homossexualidade é uma aberração que foge dos padrões ditados pela moral.

Há uma dicotomia histórica, arrastada ao longo dos tempos, entre corpo e moral. A religião concentrou no corpo todo peso da moral, forçando o sujeito a suprimir o que de fato Deus concedeu como "direito" natural. Isso vigora até hoje, causando infelicidade e doença mental para famílias e indivíduos. A homofobia é um exemplo claro. Além disso, o horror à própria homossexualidade provoca uma culpa cujos efeitos são tão desastrosos para o indivíduo que ele adoece.

---
20 Disponível em <https://www.portaleducacao.com.br/conteudo/artigos/psicologia/homossexualidade-como-categoria-diagnostica/28108> Acesso em 19/05/2017.

Campanhas contra heresias de toda a natureza evoluíram até seu cume: a Inquisição. Mas foi no século XIX que a homossexualidade deixou de ser pecado e passou a ser considerada doença. Ainda hoje, há resistência em se pensar que a homossexualidade é condição, não é escolha, nem desvio de padrão de saúde. Os *gays* ainda são considerados seres inferiores pelos homofóbicos. Algumas religiões sugerem, inclusive, que devem ser tratados e curados desse mal moral.

A Psicologia, como Ciência que estuda as emoções, pensamento e comportamento humano, considera a homofobia um mecanismo de defesa psíquico, uma maneira de evitar o reconhecimento de uma parte inaceitável de si mesmo[21]. Com a extensa prática em consultório, podemos observar que homofóbicas são pessoas conservadoras, com padrões inflexíveis, favoráveis à manutenção dos papéis sexuais tradicionais. É nesse momento que a Psicologia Positiva também pode contribuir, trabalhando a sexualidade e o autoperdão como elementos de cura.

Roberto, 46 anos, é um advogado muito bem-sucedido, tem uma família estruturada, uma esposa "quase perfeita" e dois filhos pré-adolescentes que não dão muito trabalho. Procurou tratamento, pois estava sendo invadido por um pensamento tenebroso: se imaginava matando toda a sua família num ataque de fúria.

Não havia nada, a princípio, que o motivasse a cometer um ato tão brutal: sua esposa, delicada e companheira, sequer o provocava com palavras rudes; seus filhos levavam uma vida dentro dos padrões normais para suas idades. A vida financeira era organizada e o trabalho o satisfazia completamente. Então, por que essas imagens e intenções o assolavam tão frequentemente?

Ele vinha de uma infância absolutamente sofrida. Seus pais se odiavam, mas, para cumprir as exigências sociais, religiosas, e por questões financeiras, não se separaram e viviam em constantes e graves conflitos. Seu pai era muito severo e rígido, não permitia que o menino chorasse nem expressasse qualquer tipo de emoção mais contundente e genuína. Roberto se controlava o tempo todo e se empenhava para cumprir as rígi-

---

[21] ALEXANDRE, M. E. et al. Homossexualidade e a Psicologia: revisitando a produção científica nacional. Disponível em http://revpsi.org/homossexualidade-e-psicologia-revisitando-producao-cientifica-nacional/. Visitado em 05/12/2016.

das regras impostas por sua família. Fazia um esforço tremendo para ser bom em tudo que se comprometia a realizar e, apesar de conseguir altos padrões de atuação, não ficava satisfeito com nada. A mãe, submissa ao pai, não tinha voz ativa e o acolhia quando ele se entristecia. No entanto, essa mãe acolhedora era, ao mesmo tempo, repressora, pois não permitia que Roberto fizesse escolhas. Nem pequenas, nem grandes. O menino não podia sequer decidir a roupa que iria usar, a forma que pentearia o seu cabelo, muito menos suas amizades.

Na adolescência, namorou algumas meninas, mas seu interesse por elas se concentrava muito mais no aspecto intelectual do que propriamente nas questões corporais. Não havia nele uma virilidade natural de jovens começando a vida sexual. No entanto, era notória a sua admiração pelos corpos de seus colegas de turma e da rua. Roberto fazia questão de jogar futebol, apesar de não ter muita habilidade com a bola, pois era nesse momento que conseguia tocar os corpos dos garotos da sua idade. De fato, essas sensações precisavam ser reprimidas, pois ele não poderia admitir desejos tão proibidos. E assim cresceu e conheceu Carla, uma linda adolescente que poderia figurar muito bem ao seu lado e ajudá-lo a cumprir um papel exigido por sua família e pela sociedade.

No entanto, apesar de uma aparente felicidade e perfeição, o casal não tinha uma vida sexual satisfatória e ele controlava o intenso desejo que sentia pelos estagiários de seu escritório. De fato, nem ele mesmo podia admitir com clareza esses sentimentos e necessitava de ajuda profissional. Não aceitava a homossexualidade e isso se expressava no desejo intenso de fazer desaparecer a sua família, o que lhe daria a franquia para expressar seus anseios.

Roberto apresentava um discurso em que palavras e sentimentos se emaranhavam e não lhe permitiam detectar o que o fazia sofrer. O processo terapêutico consistiu na construção de um caminho em que ele pudesse perceber que o desejo de matar a família ocultava o desejo não admitido da homossexualidade. Estar diante de si como homossexual trazia-lhe enorme culpa e a via de cura seria o perdão interno.

Roberto passou a perceber que as definições de heterossexualidade e homossexualidade são construções culturais. As pessoas são sexuais e isso é natural. Foi reconfortante saber que ele não era uma aberração da natureza. Utilizando os instrumentos oferecidos pela Terapia do Esquema aliados às técnicas da Psicologia Positiva, pôde saber quem ele era, entender suas dificuldades de autoaceitação e se perdoou por não cumprir os padrões "exigidos" por sua família tradicional.

ANTES DO TABU, O DESEJO LIVRE

A homossexualidade masculina já foi muito valorizada entre os gregos e tolerada pelos romanos, mas foi vigorosamente condenada pelo advento do Cristianismo[22]. Na Grécia Antiga, era muito comum que os homens de bem desprezassem as mulheres, que consideravam inferiores e irracionais, e admirassem muito outros homens mais jovens. Eles podiam ter relações extraconjugais com concubinas, cortesãs e efebos, que eram meninos imberbes com quem faziam sexo. Quando esses meninos cresciam e se tornavam cidadãos gregos, casavam, tinham filhos e buscavam seus próprios efebos[23].

Para os gregos, amar era um divertimento sensual que se dissipava muito cedo ou um tormento enviado pelos deuses que durava um tempo excessivamente longo. Eles não atribuíam ao casamento um valor ético e não subordinavam suas vontades às vontades dos outros. Ocupavam-se somente da experiência atual e com total utilização das suas habilidades para o gozo dos prazeres. A homossexualidade era institucionalizada e eles não se preocupavam em julgá-la. Em algumas cidades, era prática necessária para os ritos de passagem que se relacionavam à masculinidade. O amor homossexual se ajustava ao padrão do namoro e da paixão. O sexo também era pura diversão. Sem compromissos. Nada impedia que o homem grego, amando um jovem, também tivesse relações sexuais com mulheres, sem nenhum sentimento de culpa.

A homossexualidade era dignificada como uma relação de ordem superior. Os homens jovens eram objetos de amor ideal, admirados, idealizados e cobiçados. No Batalhão Sagrado de Tebas, uma tropa de choque grega era composta inteiramente por homossexuais. Eram 300 homens amantes,

---
22 LINS, R. N. Op. cit.
23 VEYNE, P. Op. cit.

lutando ombro a ombro. Isso funcionava como uma espécie de estímulo para as lutas, pois não se admitia decepcionar um amor. Em Esparta e em Tebas, cidades da Beócia, todo recruta bom caráter possuía um amante de idade madura. As ligações emocionais entre homens estavam na moda.[24]

Em Roma, a relação com um homem era aceitável desde que fosse um escravo ou um indivíduo de baixa condição social: as pessoas da aristocracia se divertiam com isso no teatro e se vangloriavam na sociedade. Para os romanos, os meninos proporcionavam um prazer tranquilo, que não agitava a alma, enquanto a paixão por uma mulher mergulhava o homem livre numa dolorosa escuridão[25].

A homossexualidade masculina era bem popular, no entanto, ao contrário dos gregos, que tinham fascinação pelos homens jovens, os romanos mantinham-se no terreno puramente físico. Eles os seduziam ou compravam e levavam para casa sem preocupações amorosas ou intelectuais. Nero, o implacável imperador romano, por exemplo, casou-se com dois homens, em cerimônia pública.

Os romanos eram obcecados por virilidade e, diferentemente dos gregos, expulsavam de seus exércitos os soldados com "delicadezas femininas". O jeito efeminado de alguns homens era considerado vício capital, mesmo quando não se entregavam à homossexualidade. O que importava mesmo era que se "parecessem homens". O jeito machão de ser era objeto de admiração.

Apesar de toda a evolução científica, ética e cultural, atualmente a homossexualidade masculina ainda é alvo de discriminação e repulsa. Percebemos no consultório que o resultado disso é avassalador para o indivíduo, visto que ele mesmo se percebe como pecador e tem sérias dificuldades de viver a sua vida na essência de sua verdade. O objetivo aqui na Psicoterapia baseada em Psicologia Positiva e Terapia do Esquema é levar o sujeito ao autoperdão, fazendo-o compreender a natureza de seus afetos para que a energia utilizada na repressão dos seus impulsos seja utilizada para fazê-lo ser quem de fato é.

---

24 Idem.
25 LINS, R. N. Op. cit.

O CASO FEMININO: ATRAÇÃO E REPULSA

Outra história interessante é a de Carolina, estudante universitária. Ela procurou a terapia por se sentir altamente infeliz. Sem conseguir detectar a verdadeira razão de sua infelicidade, Carolina justificava-a pela compulsão alimentar. Obesa, considerava-se doente e levou aproximadamente um ano para conseguir dizer o que não podia admitir: um insólito interesse sexual e a consequente paixão avassaladora por uma amiga de classe. Presa a conceitos extremamente conservadores, desviava para a comida a angústia de não poder assumir o seu lado homossexual. Tinha um relacionamento sério com um rapaz que era bem conceituado pela família. O aumento de peso considerável incomodava a ela e a todos, inclusive ao namorado, que a censurava constantemente pela compulsão. Desnorteada, sentia-se sem saída e isso comprometia também o seu desempenho intelectual. Na verdade, Carolina havia se entregado ao seu alto nível de exigência, ela se esforçava muito para compensar o que a princípio lhe parecia um grande pecado e desvio de conduta. No momento em que foi detectado o fulcro da questão, a terapia se processou por duas vias: uma, a que promovia o autoperdão como basilar para a desconstrução da ideia de falha ou de patologia; outra, posterior e consequente, foi a da assunção da homossexualidade como forma normal de ser.

A civilização ocidental desenvolveu-se a partir de uma ordem falocêntrica, em que a mulher é vista biologicamente como inferior já que nela há a falta do falo e, simbolicamente, do cetro de poder. Deslocada da esfera de decisões políticas, econômicas, seu espaço ficou restrito ao que diz respeito à reprodução e aos cuidados com a família. Daí ser considerada absurda a homossexualidade feminina porque é considerada desviante das funções básicas destinadas culturalmente à mulher.

A sexualidade e, em especial, a homossexualidade sempre foram consideradas um perigo para a Igreja. Mas o início da repressão à homossexualidade se intensificou mesmo nos séculos XII e XIII na Europa. Na França, em 1260, se punia a homossexualidade masculina amputando os testículos na primeira ofensa, o pênis na segunda e a morte em última instância[26]. Já a homossexualidade feminina incomodava por ir contra os valores da

---
26 LINS, R. N. Op. cit.

tradição judaico-cristã, acostumada a ver no Pai o centro de poder, ao qual se reverenciava por atitudes de submissão e de sofrimento. Ser mulher, afinal, era corresponder à imagem de que sofrendo alcança-se o céu.

Atualmente percebemos que a homossexualidade feminina incomoda bem menos que a masculina. Mas ambas parecem ainda ferir uma ordem cultural estabelecida por valores morais. No consultório percebemos o quanto não estar nos padrões propostos pela massa causa sofrimento profundo e questões fundamentais que fragilizam o ser. É preciso entender que a sexualidade é uma expressão da natureza humana e por isso não merece castigo. A exigência pela heterossexualidade não é natural, ela é formada por questões culturais e religiosas, o que causa diversos transtornos em pessoas que não conseguem se expressar verdadeiramente.

A experiência clínica comprova a enorme dificuldade de ajuste do indivíduo que manifesta desejos sexuais contrários ao da ordem estabelecida. Vendo-se como um ser desviante, esse indivíduo carrega o peso da culpa aliada à ideia de pecado. A terapia mais eficiente é a que resgata o equilíbrio pela prática do autoperdão.

A prática do autoperdão proposta aqui se refere à compreensão de si mesmo. É ter compaixão e empatia com seu próprio eu e entender, com o olhar para suas qualidades humanas, que somos seres únicos, com potencialidades incríveis que podem ser exercitadas no mundo.

É óbvio que a condução do tratamento de Roberto e Carolina, nossos personagens que ilustraram o capítulo, incluía fazer com que eles entendessem que o melhor era buscar a felicidade na expressão do verdadeiro eu. É preferível decepcionar a sociedade a destruir vidas. Estamos trabalhando com afinco e Roberto já pensa em se mudar para uma casa menor, perto dos filhos, mas com a sua veracidade. Quanto a Carolina, emagreceu e está namorando uma amiga da faculdade, ainda que haja conflitos a serem resolvidos.

HISTÓRIAS DE PERDÃO

Neste capítulo, gostaria de ilustrar alguns casos exemplares de perdão. Em cada história, podemos notar o quanto o fato de perdoar libertou a vítima do seu agressor. Immaculée Ilibagiza, Custódio Rangel Pires, Darlene Farah e Masataka Ota fazem parte desse universo de quem exercita a força de caráter do perdão. Percebe-se que eles entendem as falhas dos nossos pares e usam a compaixão como mola propulsora em suas vidas, pois acreditam que perdoar é se liberar para novas ações. E, apesar da dor, seguem em frente, dando novos sentidos à existência.

IMMACULÉE ILIBAGIZA

Sobreviveu ao genocídio de Ruanda, na África, em 1994[1]. Filha de pais católicos fervorosos, Immaculée nasceu em Kibuye, Ruanda Ocidental, e foi criada com princípios morais e éticos de respeito e amor ao próximo. Até entrar para a escola, não sabia que, em seu país, as pessoas pertenciam a grupos e raças diferentes. No auge dos conflitos étnicos entre hutus e tutsis, houve um verdadeiro holocausto que resultou em quase um milhão

---
1 Mais informações sobre o genocídio de Ruanda em http://www.bbc.com/portuguese/noticias/2014/04/140407_ruanda_genocidio_ms. Acesso em 11/05/2017.

de mortos em ataques de violência brutal. Tornaram-se inimigos os vizinhos, colegas de escola e até mesmo os amigos mais íntimos.

Aos 22 anos, perdeu o pai, a mãe e dois irmãos assassinados no conflito. A mãe, na ocasião, ao ser perseguida, pediu ajuda a uma amiga íntima hutu. Ela não só a expulsou, como pediu aos assassinos que a matassem na rua para não sujar seu quintal. O pai também teve um destino trágico. Ao pedir abrigo a um funcionário hutu do governo, que ele ainda acreditava ser seu amigo, foi fuzilado.

Immaculée conseguiu asilo na casa de um pastor hutu generoso. Por 91 dias, dividiu um banheiro minúsculo de 1,5 por 1 metro com sete mulheres. Elas não podiam falar nem se movimentar, pois o barulho poderia atrair os hutus extremistas que invadiam as residências, procurando por tutsis escondidos. Só se comunicavam por sinal. Escutavam ali transmissões de rádio em que as próprias autoridades do governo declaravam a intenção de exterminar com os tutsis. Eles diziam os nomes de quem deveria morrer. Em entrevista à revista "Veja", relata que "os amigos e vizinhos que sempre me haviam recebido com amor, bondade e carinho andavam pela casa munidos de lanças e facões e chamavam pelo meu nome"[2].

No livro "Sobrevivi para Contar"[3], escrito em parceria com o jornalista Esteve Erwin, diz que, durante o tempo em que estava presa no banheiro, carregou muito ódio no coração. E se achava no direito de ter esse sentimento. Relata ainda que, em meio às suas orações, não conseguia repetir a frase do Pai Nosso: "Assim como nós perdoamos a quem nos tem ofendido". Considerava que, se falasse, estaria mentindo para Deus. Ela, nesse momento, não poderia imaginar perdoar quem a tinha tentado matar: queria vingança. Pensava em se tornar um soldado e matar todos os hutus.

Immaculée recorreu a Deus e pediu forças para superar a raiva e então lembrou da frase de Jesus na cruz ao ser crucificado: "Pai, perdoai-os, porque não sabem o que fazem". Foi só a partir da lembrança do pedido empático do filho de Deus que ela conseguiu perdoar. Finaliza a entrevista a Cecília Araújo na revista "Veja" dizendo: "Os hutus estavam fora de si, tinham perdido a razão e faziam mal a si mesmos, a sua consciência. Claro

---

[2] Disponível em http://veja.abril.com.br/mundo/nunca-imaginei-conseguir-perdoar-quem-tentou-me-matar/ Acesso em 11/05/2017
[3] ILIGAGIZA, I. Sobrevivi Para Contar. O Poder da Fé me Salvou de um Massacre. Ed. Fontanar.

que a tentação de se vingar existe, mas nós, que estamos em sã consciência, devemos apenas nos proteger e perdoar. A principal coisa de que devemos nos defender é do ódio – ele destrói amizades, famílias e até países. Já o amor salva e permanece. Se eu consigo sorrir depois de tudo, foi graças à fé e ao perdão". Atualmente, mora nos Estados Unidos, é palestrante, casada e tem dois filhos e dirige a fundação que tem seu nome para amparar sobreviventes de guerras e genocídios.

CUSTÓDIO RANGEL PIRES

No Brasil, o empresário Custódio Rangel Pires perdoou Ronaldo Miguel Monteiro[4], que planejava sequestrá-lo. Ronaldo, na década de 80, já tinha cometido uma dezena de sequestros e espalhou uma onda de terror no Rio de Janeiro. O plano para sequestrar o pastor/empresário não deu certo. Depois de cinco meses, o criminoso foi preso e condenado a 28 anos de detenção.

Custódio Rangel decidiu visitá-lo na prisão com a intenção de perdoá-lo. Essa visita transformou a vida de Ronaldo que, no presídio mesmo, começou a trabalhar em projetos sociais. Depois de ter cumprido a pena por 13 anos, conseguiu o direito à condicional e ao sair ganhou o primeiro emprego com carteira assinada pelo próprio Custódio. O ex-presidiário permaneceu trabalhando na empresa do pastor por dois anos e depois seguiu seu próprio caminho: fundou uma ONG para ajudar presos a se qualificarem profissionalmente.

Ronaldo afirma que o episódio de perdão mudou sua vida, pois o empresário investiu nos seus projetos, acreditou em sua transformação e foi o primeiro a assinar sua carteira de trabalho. Isso fez com que ele pudesse também estender a mão para cerca de cinco mil detentos, ex-detentos, menores infratores e seus familiares. Eles são atendidos pelo Centro de Integração Social e Cultural, fundado por ele em 2002, em São Gonçalo, região metropolitana do Rio de Janeiro.

---

4 Disponível em <http://g1.globo.com/Noticias/Brasil/0,,MUL1371255-5598,00-EMPRESARIO+PERDOA+SEQUESTRADOR+E+MUDA+A+VIDA+DE+EXPRESIDIARIO.html> Acesso em 11/05/2017.

Custódio faleceu em julho de 2012, mas deixou escrito na História o exemplo de perdão.

DARLENE FARAH

Shelby Farah foi assassinada em 20 de julho de 2013 durante um assalto na loja de celulares onde trabalhava, na Flórida, Estados Unidos. Tinha 20 anos e era descrita por todos como doce e amável. Seu assassino, James Rhodes, disparou quatro vezes contra a jovem, apesar de ela já estar rendida e entregar tudo que lhe pediu.

Darlene Farah, mãe de Shelby, queria vingança e então contratou um detetive particular para investigar a vida de James. Ela sentia absoluta necessidade de entender o porquê daquele ato tão atroz e sua intenção era matá-lo no dia do julgamento. Sentia muita raiva quando ele demonstrava "falta de remorso" ao confessar o crime.

Ao investigar a fundo sua vida, Darlene percebeu que James teve uma infância cruel e avassaladora, cercada por violência e negligência. Seus pais eram viciados em álcool e outras drogas. Foi abandonado pela mãe aos oito meses de idade e passou a morar com o pai, que já havia sido preso em inúmeras ocasiões. Quando o pai não estava, era cuidado por uma avó enferma ou por um vizinho. Era comum gritar de dor porque tinha fome.

Devido à negligência e maus-tratos, seu pai perdeu a guarda e, a partir dos cinco anos de idade, James passou a viver em um orfanato. Foi rejeitado diversas vezes. Ninguém queria adotá-lo. Sofria *bullying* e costumava se esconder debaixo da cama para escapar das agressões. Aos nove anos, foi estuprado por um menino mais velho e depois por uma assistente social.

O assassinato de Shelby não foi o primeiro delito de James Rhodes. Quando ele praticou esse crime, já tinha uma ficha criminal extensa. Mesmo assim, Darlene o perdoou: "Eu o perdoei há muito tempo. Não gostava do sentimento de raiva que nutria por ele".[5] Apesar de reconhecer que Rhodes destruiu sua família, Darlene lutou para que ele não fosse condenado à morte durante quatro anos. No dia 2 de março de 2017, dia do julgamento final, ela discursou com muita emoção: "Criei meus filhos

---

[5] Disponível em <http://www.bbc.com/portuguese/internacional-39308328> Acesso em 11/05/2017.

sozinha. Nós quatro estávamos sempre juntos e é muito difícil, pois sinto que uma peça está faltando. Não é mais a mesma coisa. Quando Shelby morreu, não perdi apenas minha filha, perdi todos os três. Ele (Rhodes) destruiu minha família".[6]

Ao ouvir o discurso, Rhodes não parava de chorar. O juiz precisou interromper a audiência diversas vezes para acalmar o jovem de 25 anos. Rhodes escapou da pena de morte por ter sido perdoado por Darlene. Recebeu duas penas de prisão perpétua. Passará o resto da vida encarcerado, sem possibilidade de liberdade condicional ou de qualquer outro tipo de recurso. Ao final do processo, Darlene e seus outros dois filhos se encontraram com o assassino na cadeia e mostraram fotos da família com a intenção de ajudá-lo a "encontrar um propósito na vida". Darlene o perdoou antes mesmo de ele ter pedido perdão e se livrou da condenação da raiva que a prendia ao assassino que não conheceu o respeito nem o amor ao próximo.

MASATAKA OTA

"Acho que perdoar não é dizer: 'Soltem os assassinos de meu filho'. Perdoar é tirar o ódio de dentro de você. Então, perdão é uma coisa e justiça é outra. A justiça tem de ser cumprida."[7] Essa é a frase e Masataka Ota, o empresário paulista que teve o filho de oito anos sequestrado por três de seus funcionários.

O menino Ives Yoshiaki Ota[8] brincava na sala de sua casa, na manhã de 29 de agosto de 1997, na zona leste de São Paulo, quando Adelino Donizete Esteves rendeu a babá e o levou para o cativeiro, de onde nunca mais sairia.

Na mesma madrugada do sequestro, Ives reconheceu Paulo de Tarso Dantas, que trabalhava como segurança em uma das lojas de seu pai. Foi ordenado pelo próprio Dantas que o menino fosse morto. O *motoboy* que o havia tirado de casa, então, deu um copo de leite com chocolate e uma

---

6 Disponível em http://g1.globo.com/mundo/noticia/a-mae-que-lutou-por-4-anos-para-salvar-o-assassino-da-filha-do-corredor-da-morte.ghtml Acesso em 11/05/2016.
7 Disponível em http://www.ivesota.org.br/index.php/textos/5/quem-somos.html Acesso em 11/05/2017.
8 Disponível em <http://ultimosegundo.ig.com.br/brasil/crimes/caso-ives-ota/n1597661702158.html> Acesso em 11/05/2017.

espécie de calmante para Ives. Depois de sedado, foi colocado em uma cova dentro do quarto da casa cativeiro e levou dois tiros no rosto.

Seis dias depois, 5 de setembro, o *motoboy* foi preso enquanto negociava o resgate em um telefone público com Masataka. Ele confessou o crime e delatou os outros dois comparsas, seguranças da loja da família em São Miguel Paulista em São Paulo.

Apesar da imensa dor, seus pais fundaram, em setembro de 1997, O "Movimento da Paz e Justiça Ives Ota", uma organização não governamental, não religiosa, com o objetivo de "estender-se a todos os interessados numa sociedade pacífica, onde cada um se conscientiza de que: somente através do perdão a verdadeira paz se instala em sua vida".[9]

A entidade criada pela família Ota realiza ações sociais que abordam, entre outros, temas como violência e busca da paz exterior e interior por meio do sentimento de perdão. Essas atividades, geralmente, acontecem em escolas públicas. A missão do movimento, segundo os organizadores, é valorizar a vida pelo amor, pela justiça e pela paz. O objetivo é reeducar e valorizar o ser humano, conscientizando-o da importância da estrutura familiar e do respeito ao próximo, na intenção de criar uma sociedade mais harmoniosa.

A carreata do perdão é uma dessas ações tradicionais. Todos os anos, em uma data marcada com bastante antecedência, percorre as principais vias públicas de São Paulo com a intenção de lembrar que os pais de Ives Ota perdoaram os assassinos de seu filho.

Neste capítulo, objetivei trazer exemplos para mostrar o quanto a dor pode ser transformada quando, em vez de ocupar o lugar passivo da vítima raivosa, pulamos para o espaço de agente transformador da realidade dada. Produzimos o mundo em que vivemos, podemos, portanto, torná-lo melhor. O perdão, para mim, é a chave para essa mudança.

---

[9] Disponível em http://www.ivesota.org.br/index.php/textos/5/quem-somos.html. Acesso: 11/05/2017.

11
PERDOAR PARA FINALIZAR E RECOMEÇAR

Ela era uma mulher bem resolvida. Aos 35 anos, psicóloga e empresária, já tinha passado por algumas agruras na vida, mas nada se comparava ao que estava para vir. Saiu num dia chuvoso para uma festa com seu marido e, ao voltar, numa crise absurda de ciúme, ele incendiou a casa, na tentativa de matá-la. Tudo, absolutamente tudo que tinha foi consumido nas chamas, mas ela conseguiu escapar. Perdeu documentos, todos os seus livros, fotos importantes e irrecuperáveis, joias e, mais que isso, a noção de família que havia criado. Perdeu a ilusão de que vivia uma história de amor. Caiu por terra o que tinha projetado para a sua vida. Estarrecida diante da situação, sofrendo muito, até chorou! Mas, imediatamente, arregaçou as mangas e começou a tratar de reconstruir o que havia sido destruído. Dor? Claro que ela sentia. Era muita e era física. Mas isso não a impedia de seguir na sua reinvenção. Hoje, está muito bem. A casa foi reconstruída e a vida também.

Esse é um caso exemplar de uma possibilidade de perdão sem reconciliação. Ela pôde entender que seu companheiro era uma pessoa desequilibrada. Ele já tinha dado indícios disso. Mas a esperança de um casamento perfeito a fez acreditar que ele iria melhorar. Ela apostava nisso. Depois do incêndio, andava entre os escombros se perguntando o que podia fazer para que isso não a paralisasse. Quais seriam as medidas necessárias para que aquela mágoa, decepção e raiva profunda não a deixassem ali de mãos atadas? Decidiu: precisava registrar a ocorrência em uma delegacia. Era preciso que ele assumisse a responsabilidade pelo seu ato insano. Depois de feito o registro, resolveu que iria perdoar seu agressor, mas que não queria mais conviver com ele. Isso é possível, isso também é perdão.

Foi por ter perdoado que consegui recomeçar. Essa é a minha história e é por isso que o tema perdão faz tanto sentido para mim. É porque sei que só soltando os nós da raiva e tristeza, que, sem dúvida, senti com a destruição da minha vida, que valorizo essa força de caráter que você também poderá desenvolver.

No decorrer deste trabalho, falei sobre o impacto do perdão na vida dos indivíduos. Tracei sua cartografia, recorrendo a conceitos religiosos e filosóficos e científicos, a fim de mostrar a evolução do termo ao longo da história da civilização. Mostrei também, no terceiro capítulo, a perspectiva da Psicologia Positiva sobre o assunto. Destaquei a importância do perdão para o modelo terapêutico proposto por essa nova Ciência. Ilustrei, com exemplos de trabalhos científicos e com pessoas realizadoras, como o fato de perdoar pode se tornar mola propulsora de processos de cura das dores humanas.

Para haver perdão, é preciso disposição para apagar os ressentimentos. Se o mundo está repleto de sofrimento e de dificuldades, a nossa proposta deverá ser encontrar facilitadores que permitam lidar com essas questões. Sabemos que não é porque aprendemos a nos adaptar melhor que significa que não teremos mais problemas. Teremos sim, e muitos, pois isso faz parte do jogo da vida. O que irá mudar é o espaço que alugamos para eles em nossa mente e a quantidade de raiva, desesperança e aflição que sentimos. A vida não é perfeita, mas podemos aprender a sofrer menos, pois perdoar é sinônimo de cura. Podemos aprender a perdoar mais e, com isso, podemos aprender a nos curar.

Filósofos, líderes religiosos, místicos e poetas têm louvado o valor do perdão. Pela voz deles, a Humanidade aprendeu a prática (ainda que de maneira insuficiente) desse e de outros valores perenes que ajudaram a alicerçar as bases da civilização e sem os quais ainda não teríamos saído das cavernas.

Nos últimos anos, a Ciência vem confirmando a importância do cultivo desses valores para a própria manutenção da saúde, bem-estar e qualidade de vida, tanto do ponto de vista físico, quanto do mental. Muitos estudos e experimentos científicos vêm sendo realizados em universidades do mundo inteiro, demonstrando a importância do perdão para a saúde. As evidências são tão significativas que alguns ousam até mesmo chamar esse conjunto de conhecimentos de Ciência do Perdão. Seja uma questão de fé ou uma realidade científica, o fato é que o perdão tem um papel fundamental em nossas vidas. Seu alcance transcende as esferas da fé ou da Filosofia.

Quem perdoa promove um bem para si mesmo. Deixa de ser vítima das circunstâncias e passa a ser o autor da própria história, visto que olha para o futuro e foca nas soluções dos problemas, vislumbrando sempre uma saída. E sendo assim, como preconiza a nova Psicologia Positiva, se potencializa para uma vida melhor.

Ao perdoar, deixamos de alisar a dor e saímos por aí, de cabeça erguida, mostrando ao mundo que somos flexíveis e podemos resistir às adversidades que a vida nos impõe. Começamos a perceber as possibilidades que nos são apresentadas a todo momento. Largamos o passado e somos liberados para viver o presente e olhar o futuro com muito mais disposição e vontade. Quando perdoamos, finalizamos uma história e nos liberamos para começar outras.

Perdoe sempre, perdoe a si mesmo, perdoe o outro e caminhe feliz!

O PODER TERAPÊUTICO DO PERDÃO

EXERCÍCIO

APRENDENDO A PERDOAR

Ao longo deste livro, mostrei como a Ciência tem evoluído na compreensão e aplicação do poder terapêutico do perdão. A Psicologia Positiva faz parte desse movimento e o compreende como fundamental para o processo de cura e potencialização do indivíduo. Aprender a perdoar é um contínuo ato de desembaraçar os pensamentos emaranhados na dor. O trabalho terapêutico fornece ferramentas que permitem acionar esse processo. A prática clínica tem comprovado que transtornos causados pelas dores dos ressentimentos e restos de mágoa apresentam solução à medida que os pacientes aprendem a perdoar o outro e a si mesmos. Assim, meus queridos leitores, exercitem o perdão e sintam-se liberados para viver de forma mais intensa, saudável e produtiva.

"Aquele infeliz do meu marido me traiu!", "A vida não foi boa comigo!", "Não consigo esquecer as coisas ruins que vivi na minha infância!", essas são exclamações comuns nos consultórios de Psicologia. Restos de mágoas acumuladas, desejo de vingança ou simplesmente tristeza profunda por sentimento de injustiça atravancam o progresso de quem não consegue perdoar. O sujeito se agarra às lembranças do que lhe fez sofrer e monta uma rede subjetiva, onde tudo converge para a sua dor. Ao arrastar as correntes desses ressentimentos, se amarra ao outro, tornando a vida muito menos prazerosa e produtiva. Não tarda para que as dores da alma se expressem no corpo, fazendo com que adoeça gravemente.

Quando não perdoamos ressentimos a dor do já vivido e transformamos algo que poderia ser passageiro em eterno. Vejamos um exemplo: Maria não perdoa sua mãe por ter negligenciado suas necessidades emocionais quando era uma criança. Sente-se triste e sem esperanças, pois ao olhar para o lado percebe mulheres mais seguras e bem resolvidas. Atribui seus defeitos ao fato de sua mãe não ter podido lhe dar o que "merecia". Já falecida, a mãe nem soube das amarguras da filha. No entanto, Maria ainda revive a privação emocional atribuída a sua infância. Não consegue perceber que sua genitora não tinha recursos internos para tratá-la com o carinho e atenção, pois sua vida também não tinha sido muito fácil. Ao não perdoar, a tristeza se perpetua e o foco é a dor. Se pudesse entender, e isso faz parte do processo terapêutico, que a sua mãe não tinha outra possibilidade nem escolha, a teria perdoado e liberaria sua energia vital para seus projetos pessoais.

Qual seria, então, a vantagem de não perdoar? A mãe já não pode mais reparar os danos causados. Não há nada a fazer a não ser se utilizar de empatia e se colocar no lugar da outra, que se tivesse alternativa teria escolhido ser melhor do que foi. Maria não consegue ficar bem e, rancorosa, afasta as pessoas que teriam possibilidade de lhe dar o amor que tanto almejou. Ninguém ganha com o fato de não perdoar. É um jogo sem vencedor.

POR QUE PERDOAR É TÃO DIFÍCIL?

Simplesmente porque as pessoas confundem perdão com reconciliação, esquecimento ou até mesmo com cumplicidade. Perdoar não significa que você tenha que "ficar de bem" com seu ofensor, nem muito menos "passar uma borracha" no que ele fez. Também não tem a ver com concordar com a atrocidade cometida. É por conta desse erro cognitivo que, muitas vezes, os sujeitos ficam presos ao fato negativo. Perdoar significa somente ressignificar o ocorrido, compreendendo a partir da perspectiva do outro. É difícil? Nem tanto.

COMO POSSO APRENDER A PERDOAR?

Vimos até aqui que o perdão é uma decisão e não um sentimento. Por isso, é necessário que você escolha perdoar. É preciso ressaltar também que o perdão não se dá imediatamente. Ele requer tempo. Não se apresse.

Começaremos o processo agora.

1) Escolha um lugar tranquilo, pegue uma caneta e um papel e escreva, detalhadamente, o que você considera imperdoável. Vamos devagar. Para cada situação, um perdão.

2) Agora, reflita sobre a pessoa que o prejudicou. Quem é ela? Por quais problemas passou ou passa atualmente? Atenção! Não estou sugerindo que você concorde com suas atitudes, nem muito menos passe a gostar dela. Estou apenas dizendo para que você se coloque em seu lugar. Seja empático. Escreva sobre ela, logo embaixo da situação detalhada.

3) Neste momento, pense se vale a pena nutrir uma mágoa profunda por alguém que, provavelmente, nem pensa muito a seu respeito.

4) Anote, no final da folha, em duas colunas separadas, quais são as vantagens e desvantagens de se vincular ao fato e à dor provocada por ele.

5) Olhe bem e analise tudo que você escreveu. Perceba se a energia investida no seu passado não é grande demais.

6) Por fim, exercite. Todas as vezes que se pegar pensando no que lhe causa dor, redirecione o seu pensamento e a sua intenção para algo mais produtivo. Saia do lugar da vítima e se torne agente e diretor da sua vida.

7) Lembre-se de Aristóteles. Para se desenvolver uma virtude, é preciso praticá-la. Use esse exercício sempre que se sentir ofendido por alguém.

Não se esqueça: você pode desenvolver o perdão! Utilize esse exercício nas diversas áreas de sua vida! Perdoar é nobre e está em suas mãos.

REFERÊNCIAS BIBLIOGRÁFICAS

ACHOR, S. O **Jeito Harvard de Ser Feliz**. São Paulo: Saraiva, 2012.

AL-MAUDUDI, S. A. **Aspectos do sistema político Islâmico**. Disponível em <http://www.islamemlinha.com/index.php/artigos/arte-a-cultura/item/aspectos-do-sistema-politico-islamico> Acesso em 20 mai 2017.

Alcorão Sagrado (96$^{a\ surata,\ versículos\ 1\ a\ 5}$) – Tradução: Samir El Hayek. São Paulo: Expansão Editorial, 1975.

ALEXANDRE, M. E. et al. **Homossexualidade e a Psicologia: revisitando a produção científica nacional**. Disponível em<http://revpsi.org/homossexualidade-e-psicologia-revisitando-producao-cientifica-nacional/>. Acesso em 05 dez 2016.

ARISTÓTELES. *Ética a Nicômaco*. Col. Os Pensadores. São Paulo: Nova Cultural, 1996, p. 137.

ARISTÓTELES. **Tópicos. Dos argumentos sofísticos. Metafísica: livro I e livro II**. São Paulo: Abril Cultural, 1973. (Os Pensadores, 4).

Artigos de Esmalcalde III, 3, 2. In: **Livro de concórdia; as confissões da Igreja Evangélica Luterana**. Trad. de Arnaldo Schüler. São Leopoldo: Sinodal; Porto Alegre: Concórdia, 1980, p. 325.

AURÉLIO. **O Mini Dicionário da Língua Portuguesa**. 4ª. edição. Rio de Janeiro, 2002.

BERRY, J.W., WORTHINGTON, E.L., PARROTT, L., O'CONNOR, L.E.;WADE, N.G. (2001) **Dispositional forgivingness: Development and construct validity of the Transgression Narrative Test of Forgiveness (TNTF***). Personality and Social Psychology Bulletin*, 27, 1277-1290.

BÍBLIA. Português. **Bíblia sagrada**. Tradução: Centro Bíblico Católico. 34. ed. rev. São Paulo: Ave Maria, 1982.

BLUM, J. **Os dois bodes do Yom Kippur.** Disponível em <http://jewishstudies.eteacherbiblical.com/pt-br/os-dois-bodes-do-yom-kippur/.> Acesso em 17 mai 2017.

CACCIOLA, M. L. **Os Pensadores, um curso. Immanuel Kant, o predomínio da razão**. São Paulo: Casa do Saber, 2009.

CARVALHO, M. V. P. **O desenvolvimento motor normal da criança de 0 a 1 ano: orientações para pais e cuidadores**. Disponível em http://web.unifoa.edu.br/portal_ensino/mestrado/mecsma/arquivos/37.pdf. Acesso em 15 mai 2017.

COELHO, C. C. F.. **Atitudes de Guardas Prisionais Relativamente a Contactos Sexuais entre Reclusos e à sua Prevenção**. Dissertação de mestrado (2008). Disponível em http://repositorium.sdum.uminho.pt/handle/1822/8713. Acesso em 15 abr 2017.

CORRÊA, A. P. **Psicologia Positiva: Avanços de uma Nova Abordagem.** In: Psicologia Positiva: Teoria e Prática: conheça e aplique a ciência da felicidade e das qualidades humanas na vida, no trabalho e nas organizações. São Paulo: Leader, 2016, p. 79.

CORRÊA, A. P. **Conhecendo a Psicologia Positiva.** In: Psicologia Positiva: Teoria e Prática: conheça e aplique a ciência da felicidade e das qualidades humanas na vida, no trabalho e nas organizações. São Paulo: Leader, 2016, p. 33.

CORRÊA, A. P. **Felicidade, Bem-Estar Subjetivo e Emoções Positivas.** In: Psicologia Positiva: Teoria e Prática: conheça e aplique a ciência da felicidade e das qualidades humanas na vida, no trabalho e nas organizações. São Paulo: Leader, 2016.

CORRÊA, A. P. **Resenha Crítica: Psicoterapia Positiva.** Grupo Biblioteca Positiva. 2015. Disponível em https://www.facebook.com/groups/1661808940705438/permalink/1696298933923105/ Acesso em 07 mai 2017.

CORRÊA, A.P. **Introdução à Psicologia Positiva.** In: Psicologia Positiva: Teoria e Prática: conheça e aplique a ciência da felicidade e das qualidades humanas na vida, no trabalho e nas organizações. São Paulo: Leader, 2016, p. 40.

CSIKSZENTMIHALY, M.; SELIGMAN, M. E. P. **Positive Psychology – An Introduction.** In: American Psychologist – Special Issue on Happiness, Excellence, and Optimal Human Functioning. Washington, DC. American Psychological Association, p. 5-14, 2000.

CUCCI, G. **O perdão segundo Paul Ricoeur.** In: La Cilvittá Cattolica. Tradução Maria Alves Muller. 2009, p.145-153.

CHIROT, D.; SELIGMAN, M. E. P. (eds.). **Ethnopolitical Warfare: Causes, Consequences, and Possible Solutions.** Washington, DC: American Psycological Association, 2001.

TIBBITS, D. et al. **Hipertension Reduction Through Forgiveness Training**. In: *Journal of Pastoral Care and Counselling,* 2006, pág. 27-34.

DERRIDA, J. **Suplemento Mais.** *Folha de São Paulo,* 27/05/2001.

DIENER, E. (1984). **Subjective Well-Being.** *Psychological Bulletin, 95*, 542-575.

DIENER, E. (1996). **Subjective Well-Being in cross-cultural perspective**. Em G. Hector (Ed.), *Key issues in cross-cultural psychology: selected papers from the Twelfth International Congress of the International Association for Cross-Cultural Psychology.* San Diego: Academic Press.

Disponível em<http://www.luteranos.com.br/textos/culpa-perdao-e-penitencia-em-lutero>. Acesso em 15 abr 2017.

DSM-V. AMERICAN PSYCHIATRIC ASSOCIATION. ***DSM-5*: manual diagnóstico e estatístico de transtornos mentais.** 5. ed. Porto Alegre: Artmed, 2014, p. 217-222.

EMMONS, R. A.; McCULLOUGH, M. E. **Counting Blessings versus burdens.** An experimental investigation of gratitude and subjective well-being in daily life. Journal of Personality and Social Psychology, 84, 377-389, 2003.

ENRIGHT, R. D. **Psychological Science of Forgiveness: Implications for Psychotherapy and Education.** Oral presentation at the Conference on Neuroscience and Moral Action: Neurological Conditions of Affectivity, Decisions and Virtue, Pontificia Universita della Santa Croce, Rome. Obtido de hhtp://couragerc.net/Informed_Consent/Santa%20Croce%20paper%20(PDF)%20February%2028,%202011.pdf.

ENRIGHT, R. D. **The Human Development Study Group. The moral development of forgiveness**. In: W. Kurtines & J. Gerwirtz (eds.), Handbook of moral behavior and development (Vol. 1; pp. 123-152). Hillsdale, NJ, USA: Lawrence Erlbaum, 1991.

ENRIGHT, R. D. **Forgiveness is a choice**. Washington, DC: APA American Psychology Association, 2001.

ENRIGHT, R. D. **Forgiveness is a choice.** Washington, DC: APA American Psychology Association, 2001.

ENRIGHT, R. D. **O Poder do Perdão. O Perdão pode transformar o sofrimento em esperança.** (M. A. Campos, Trad.). Lisboa: Estrela Polar. (Obra original publicada em 2001). (2008).

ENRIGHT, R. D.; FITZGIBBONS, R. **Helping clients forgive: An empirical guide for resolving anger and restoring hope.** Washington, DC: American Psychology Association, 2000.

ENRIGHT, R. D. **The Human Development Study Group. Counseling within the forgiveness triad: On forgiving, receiving forgiveness, and self-forgiveness.** Couseling and Values, 40, 107-126. (1996).

ENRIGHt, R. D.; EASTIN, D.; GOLDEN, S.; SARINOPOULOS, I.; FREEDMAN, S. **Interpersonal forgiveness within the helping professions: An attempt to resolve differences of opinion.** Counseling and Values, 36, 84-103. (1992).

ENRIGTH, R.D.; FREEDMAN, S.; RIQUE, J. (1998). **The psychology of interpersonal forgiveness.** In: ERNRIGTH, R.D.; NORTH, J. (eds). Exploring forgiveness (pp.462). Madison: University of Wisconsin Press.

FISCHER, J. **Culpa, perdão e penitência em Lutero.** Reflexões em torno de Lutero.

FREUD, S. **Além do Princípio do Prazer.** Obras Completas, Vol. XVIII, 1925-1926.

GARCIA, J. L. **Rumo** à **criação desenhada dos seres humanos**. In: Revista estudos de sociologia. Recife: Editora da UFPE, 2006. Disponível em: http://www.scientiaestudia.org.br/pt2007/rumo%20a%20criacao.pdf. Acesso em 20 mai 2017.

GIACOMINI, C. **Bem-estar subjetivo: em busca da qualidade de vida.** Disponível em http://pepsic.bvsalud.org/scielo.php?script=sci_arttext&pid=S1413-389X2004000100005 Acesso em 21 abr 2017.

GOLEMAN, D. **Inteligência emocional – a teoria revolucionária que redefine o que é ser inteligente.** Editora Objetiva, 2012.

GRISWOLD, C. **Forgiveness: A Philosophical Exploration.** Cambridge: Cambridge University Press, 2007.

GUIMARÃES, A. F. P.. **O desafio histórico de "tornar-se um homem homossexual": um exercício de construção de identidades.** Temas em Psicologia, 17(2), 553-567. Disponível em http://pepsic.bvsalud.org/scielo.php?pid=S1413-389X2009000200023&script=sci_arttext Acesso em 20 fev 2017.

GUIMARÃES, P.H. C. **Justiça e Perdão no Pensamento de Paul Ricoeur.** Disponível em <https://jus.com.br/artigos/22712/justica-e-perdao-no-pensamento-de-paul-ricoeur>. Acesso em 25 jan 2017.

HARRIS, A.H. Et al. **Effects of Group Forgiveness Intervention on Perceived Stress, State and Trait, Anger, Symptoms of Stress, Self-Reported Health and Forgiveness** (Stanford Forgiveness Project). *Journal of Clinical Psychology* 62 (6), 715-733.

HERRIS, H. et al. **Effects of a Group Forgiveness Intervention on Forgiveness, Perceived Stress, and Trait Anger: A Randomized Tria".** In: *Journal of Clinical Psychology*, 2006, p. 715-33.

TENNEN, H.; AFFLECK, G. **Blaming Others for Threatening Events.** In: Psychological Bulletin, n. 108, 1990, p. 209-32.

HUNT, M. M. **História Natural do Amor.** Ibrasa, 1963.

ILIGAGIZA, I. **Sobrevivi Para Contar. O Poder da Fé me Salvou de um Massacre.** Ed. Fontanar.

J.W. CARSON *et al.* **Forgiveness and Chronic Low Back Pain: A Preliminary Study Examining the Relationship of Forgiveness to Pain, Anger and Psychological Distress.** In *Journal of Pain*, 2005, p. 84-91.

JACOPO, F. **O Livro Negro do Cristianismo. Dois Mil Anos de Crimes em Nome de Deus.** Rio de Janeiro: Ediouro, 2011.

KONSTAN, D. **Before Forgiveness – The Origens of a Moral Idea.** Cambridge: Editora Cambridge University Press, 2010.

KONSTAN, D. **Before Forgiveness – The Origens of a Moral Idea.** Cambridge: Editora Cambridge University Press, 2010.

LACAYO, R. A. **Saber Perdonar.** Ed. Urano, 2012.

LAWLERET, K. A. et al. **"A Change of Heart: Cardiovascular Correlates of Forgiveness in Response to Interpersonal Conflict".** In: Journal of Behavioral Medicine, 2003, p. 373-93.

LAZARUS, A. **Terapia Multimodal do Comportamento.** São Paulo: Manole, 1977.

LEDOUX, J. **The Emotional Brain: The Mysterious Underpinnings of Emotional Life.** New York: Simon & Schuster, 1996.

LINS, R. N. **O Livro do Amor, volumes I e II.** Ed. Best Seller, 2012.

LOBO, S. **As condições de surgimento da Mãe Suficientemente Boa**. Disponível em http://pepsic.bvsalud.org/scielo.php?script=sci_arttext&pid=S0486-641X2008000400009. Acesso em 15 mai 2017.

LOCKWOOD, G.; PERRIS, P. **A new look at core emotional needs**. In: M.F. van Vreeswijk, J.Broersen & M. Nadort (eds.). The Willey-Blackwell Handbook of Schema Therapy: Theory, Research and Pratice (p.41-66). Malden: Willey-Blackwell.

LUSKIN, F. **Aprenda a Perdoar e tenha um relacionamento feliz**. São Paulo: Ediouro, 2008, p. 9.

LUSKYN, F. **O Poder do Perdão**. Ed. Novo Paradigma, 2002.

LYUBOMIRSKY, S. **A Ciência da Felicidade: Como Atingir a Felicidade Real e Duradoura: Um Método Científico Para Alcançar a Vida que Você Deseja**. Rio de Janeiro: Elsevier, 2008.

MACHADO, J. P. **Dicionário Onomástico Etimológico da Língua Portuguesa, verbete "Alcorão" Centro de Estudos e Divulgação do Islam, Livros Divinos**. (visitado em 06/08/2016). O Alcorão - tradução de Mansour Challita. ISBN 978-8-7799-168-6. 1ª ed. Jan. 2010. Alcorão: e Deus falou sua língua.

MACLEAN, P. **The Triune Brain in Evolution: Role in Paleocerebral Functions**. Springer Science & Business Media, 31 jan 1990.

MADUREIRA, A. F. A.; Branco, A. M. C. U. A. (2007, jan). **Identidades Sexuais Não-hegemônicas: Processos Identitários e Estratégias para Lidar com o Preconceito**. Psicologia: Teoria e pesquisa, 23(1), 81-90. http://dx.doi.org/10.1590/S0102-37722007000100010.

MARTINS, C.M.S.; TOFOLI, S.M.C.; BAES, C.V.W.; JURUENA, M. **Analysis of the occurrence of early life stress in adult psychiatric patients: A systematic review**. Psychology & Neurocience, 4 (2), 219-227. Disponível em http://dx.doi.org/10.3922/j.psns.2011.2.007.

MCCULLOUGH, M.E.; RACHAL, K.C.; MSANDAGE, S.J.; WORTHINGTON, E.L. JR.: BROWN, S.W.; HIGHT, TL. **Interpersonal forgiving in close relationships: II. Theoretical elaboration and measurement**. Journal of Personality and Social Psychology, 75, 1586-1603 (1998).

MEGA et al. **The Limbic System: anatomic, phylogenetic and clinical perspective**. Journal of Neuropsychiatry Clinical Neurocience, 9 (3), 315-330. Disponível em http://dx.doi.org/10.1176/jnp.9.3.315. Acesso em 16 mai 2017.

MICHAELIS. **Moderno Dicionário da Língua Portuguesa.** Disponível em: http://michaelis.uol.com.br/moderno/portugues/index.php>. Acesso em 20 jun 2016.

RADFORD, N. Disponível em <https://positivepsychologyprogram.com/forgiveness/>. Acesso em 26 jun 2017.

NASCIMENTO, E. et al. **Jacques Derrida: Pensar a Desconstrução.** Rio de Janeiro: Estação Liberdade, 2005.

NASCIMENTO, E. **Jacques sem fatalismos.** Disponível em <http://www1.folha.uol.com.br/fsp/mais/fs1508200409.htm.> Acesso em 07 jun 2016.

NUNAN, A. **Preconceito internalizado e comportamento sexual de risco em homossexuais masculinos.** Psicologia Argumento, 28(62), 247-259. Disponível em http://www2.pucpr.br/reol/index.php/pa?dd1=3726&dd99=view. Acesso em 25 mai 2017.

OLIVEIRA et al. **Bem-Estar Subjetivo: estudo de correlação com as Forças de Caráter.** Disponível em http://pepsic.bvsalud.org/scielo.php?script=sci_arttext&pid=S1677-04712016000200007> Acesso em 22 abr 2017.

PALUDO, KOLLER. **Psicologia Positiva: uma nova abordagem para antigas questões.** Disponível em <http://www.lume.ufrgs.br/handle/10183/98777> Acesso em 22 abr 2017.

PELLAUER, D. **Compreender Ricoeur.** Tradução Marcus Penchel. Petrópolis: Vozes, 2009.

PETERSON, C.; SELIGMAN, M. E. P. **Character strengths and virtues: A handbook and classification.** New York: Oxford University Press and Washington, DC: American Psychological Association. www.viacharacter.org. (2004).

PETERSON, C.; PARK, N. **Classifying and Measuring Strengths of Character.** In: S.J. Lopez & C. R. Snyder (eds.), *Oxford handbook of positive psychology*, 2ª. ed. (pp. 25-33).New York: Oxford University Press.www.viacharacter.org. (2009).

PETERSON, Christopher; PARK, **N. Classifying and Measuring Strengths of Character.** In: The Oxford Handbook of Positive Psychology. New York: Oxford University Press, 2011.

PORTELLA, M. (Org.). **Teoria da Potencialização da Qualidade de Vida: Proposta e Técnicas da Psicologia Positiva.** Rio de janeiro: Cepaf-RJ, 2013.

PORTELLA, M. **A Ciência do Bem Viver; Propostas e Técnicas da Psicologia Positiva.** Rio de Janeiro: Cepaf-RJ, 2014.

RADFORD, N. **Forgiveness: The Key to a Happier Future.** Disponível em <https://positivepsychologyprogram.com/forgiveness/>. Acesso: em 26 jun 2017.

RICOEUR, P. **Outramente.** Tradução Marcus Penchel. Petrópolis: Vozes, 2009.

_____. **Memória, História e Esquecimento.** Tradução Alain François. Campinas: Editora Unicamp, 2007.

_____. **O Justo 1.** Tradução Ivone Benedetti. São Paulo: Martins Fontes, 2008.

SANCHÍS, I. **El Don de Arder.** Espanha: Del Nuevo Extremo, 2004.

SANTOS, A. F.; FERNANDES, S. C. S. (2009). **Enfrentamento, locus de controle e preconceito: um estudo com pessoas de orientação sexual homoafetiva.** Psicologia em Revista, 15(3), 101-119. DOI 10.5752/P.1678-9563.2009V15N3P101.

SANTOS et al. **Sexual e Reprodutiva: direitos e desafios em um mundo multicultural.** Disponível em http://livrozilla.com/doc/533727/sexual-e-reprodutiva--direitos-e-desafios-em-um. Acesso em 26 mai 2017.

SANTOS, M. A.; JÚNIOR, J. U. B.; Moscheta, M.S.(2007). **Grupo de pais de jovens homossexuais.** Revista Eletrônica Saúde Mental Álcool e Drogas, 3(2), 1-16. Recuperado de DOI: http://dx.doi.org/ 10.1590/S1806-69762007000200002.

SARINOPOULOS, I. **Interpersonal Forgiveness and Physical Health.** In: The Word of Forgiveness, 2000, p.16-18.

SCHULTZ, D.P.; SHULTZ, S. E. **História da Psicologia Moderna.** São Paulo: Cultrix, 1981.

SELIGMAN, M. **Felicidade Autêntica: usando a nova Psicologia Positiva para a realização permanente.** Rio de Janeiro: Objetiva, 2009.

SELIGMAN et al. **Positive Psychotherapy.** Positive Psychology Center, University of Pennsylvania. Disponível em http://www.hiram.edu/wp-content/uploads/2017/03/SeligmanRashidParks2006.pdf. Acesso em 01 mai 2017.

SELIGMAN, M. **Florescer: Uma Nova Compreensão Sobre a Natureza da Felicidade e do Bem-Estar.** Rio de Janeiro: Objetiva, 2011.

SILVEIRA, D. **As Virtudes em Aristóteles. Disponível em** http://revistas.fw.uri.br/index.php/revistadech/article/viewFile/203/373. Acesso em 20 dez 2016.

SIQUEIRA, M. M. M.; PADOVAM, V.A.R. **Bases Teóricas de Bem-Estar Subjetivo, Bem-Estar Psicológico e Bem-Estar no Trabalho.** Disponível em http://www.scielo.br/pdf/ptp/v24n2/09. Acesso em 05 mai 2017.

SNYDER, C. R.; LOPEZ, S. J. **Psicologia positiva: uma abordagem científica e prática das qualidades humanas**. Porto Alegre: Artmed, 2009, p. 124.

TANGNEY, J.P.; FREE, R., REINSMITH, C., BOONE, A.L.; LEE, N. **Assessing Individual differences in the propensity to forgive**. Paper presented at the American Psychological Association Convention, Boston. 1999.

THOMPSON, L.Y.; SNYDER, C.R.; HOFFMAN, L.; MICHAEL, S.T.; RASMUSSEN, H.N.; BILLINGS, L.S. et al. **Dispositional forgiveness of self, others, and situations: The Heartland Forgiveness Scala**. *Journal of Personality*, 73, 313-359. 2005.

WAINER, R. **O Desenvolvimento da Personalidade e suas Tarefas Evolutivas**. In: Terapia Cognitiva Focada em Esquemas. Integração em Psicoterapia. Porto Alegre: Artmed, 2016.

WANG, T. **Forgiveness and the Big Five Personality traits among Taiwanes e Graduates Social Behavior and Personality,** 2008, 849-850.

WEEB, J. **"Forgiveness and Health Promotion Among People with Spinal Cord Injury"**. Artigo apresentado na Templeton Forgiveness Research Conference, Atlanta, 2004.

YOUNG, J.E. **Terapia do Esquema: guia de técnicas cognitivo-comportamentais inovadoras**. Porto Alegre: Artmed, 2008.

YOUNG, J.E. **Terapia Cognitiva para transtornos da personalidade: Uma abordagem focada em esquemas**. (3. ed.). Porto Alegre: Artmed, 2003.